AF346792

CONTES
ET
NOUVELLES
EN VERS,

PAR M. DE *LA FONTAINE.*

TOME SECOND.

A AMSTERDAM.

M. DCC. XLIII.

PREFACE
DE L'AUTEUR

Sur le second Tome de ces Contes.

VOICI les derniers Ouvrages de cette nature qui partiront des mains de l'Auteur ; & par conséquent la derniere occasion de justifier ses hardiesses, & les licences qu'il s'est données. Nous ne parlons point des mauvaises rimes, des vers qui enjambent, des deux voyelles sans élision, ni en général de ces sortes de négligences qu'il ne se pardonneroit pas lui-même en un autre genre de Poësie ; mais qui sont inséparables, pour ainsi dire, de celui-ci. Le trop grand soin de les éviter jetteroit un faiseur de Contes en de longs détours, en des récits aussi froids que beaux, en des contraintes fort inutiles, & lui feroit négliger le plaisir du cœur pour travailler à la satisfaction de l'oreille. Il faut laisser les narrations étudiées pour les grands sujets, & ne pas faire un Poëme Epique des avantures de Renaud d'Ast.

PREFACE.

Quand celui qui a rimé ces Nouvelles y auroit ap‑
porté tout le foin & l'exactitude qu'on lui demande ;
outre que ce foin s'y remarqueroit d'autant plus qu'il
y eft moins néceffaire, & que cela contrevient aux
préceptes de Quintilien ; encore l'Auteur n'auroit-il
pas fatisfait au principal point, qui eft d'attacher
le Lecteur, de le réjoüir, d'attirer malgré lui fon
attention, de lui plaire enfin. Car, comme l'on fçait,
le fecret de plaire ne confifte pas toujours en l'ajufte‑
ment, ni même en la régularité : Il faut du piquant
& de l'agréable, fi l'on veut toucher. Combien
voyons - nous de ces beautés régulieres qui ne tou‑
chent point, & dont perfonne n'eft amoureux ? Nous
ne voulons pas ôter aux modernes la loüange qu'ils
ont méritée. Le beau tour des vers, le beau langage,
la juftefje, les bonnes rimes font des perfections en
un Poëte ; cependant que l'on confidere quelqu'unes
de nos Epigrammes où tout cela fe rencontre ; peut‑
être y trouvera-t-on beaucoup moins de fel, j'ofe‑
rois dire encore bien moins de graces, qu'en celles
de Marot & de S. Gelais ; quoique les Ouvrages de
ces derniers foient prefque tous pleins de ces mêmes
fautes qu'on nous impute. On dira que ce n'étoient
pas des fautes en leur fiécle, & que c'en font de

PREFACE.

très-grandes au nôtre. A cela nous répondons par un même raisonnement, & disons comme nous avons déja dit, que c'en seroit en effet dans un autre genre de Poësie, mais que ce n'en sont point dans celui-ci. Feu Monsieur de Voiture en est le garant. Il ne faut que lire ceux de ses Ouvrages où il fait revivre le caractère de Marot : Car notre Auteur ne prétend pas que la gloire lui en soit dûë ; ni qu'il ait mérité non plus de grands applaudissemens du public pour avoir rimé quelques Contes. Il s'est véritablement engagé dans une carriere toute nouvelle, & l'a fournie le mieux qu'il a pû ; prenant tantôt un chemin, tantôt l'autre ; & marchant toûjours plus assurément quand il a suivi la maniere de nos vieux Poëtes, *Quorum in hac re imitari negligentiam exoptat, potius quàm istorum diligentiam.* Mais en disant que nous voulions passer ce point-là, nous nous sommes insensiblement engagés à l'examiner ; & peut-être n'a-ce pas été inutilement ; car il n'y a rien qui ressemble mieux à des fautes que ces licences. Venons à la liberté que l'Auteur se donne de tailler dans le bien d'autrui ainsi que dans le sien propre, sans qu'il en excepte les Nouvelles même les plus connuës, ne s'en trouvant point d'inviolable pour lui.

PREFACE.

Il retranche, il amplifie, il change les incidens, &
les circonstances, quelquefois le principal évenement
& la suite : enfin ce n'est plus la même chose ; c'est
proprement une Nouvelle nouvelle ; & celui qui l'a
inventée auroit de la peine à reconnoître son propre
ouvrage. Non sic decet contaminari fabulas, *diront*
les Critiques. Et comment ne le diroient-ils pas ? Ils
ont bien fait le même reproche à Térence; mais Térence
s'est moqué d'eux, & a prétendu avoir droit d'en user
ainsi. Il a mêlé du sien parmi les sujets qu'il a tirés
de Ménandre, comme Sophocle & Euripide ont mêlé
du leur parmi ceux qu'il ont tirés des Ecrivains qui
les précédoient, n'épargnant Histoire ni Fable où il
s'agissoit de la bienséance & des régles du Dramati-
que. Ce privilége cessera-t-il à l'égard des Contes faits
à plaisir ; & faudra-t-il avoir dorénavant plus de
respect, & plus de Religion, s'il est permis d'ainsi
dire, pour le mensonge, que les Anciens n'en ont eu
pour la vérité ? Jamais ce qu'on appelle un bon Conte
ne passe d'une main à l'autre sans recevoir quelque
nouvel embellissement. D'où vient donc, nous pourra-
t-on dire qu'en beaucoup d'endroits l'Auteur retranche
au lieu d'enchérir ? Nous en demeurons d'accord, &
il le fait pour éviter la longueur & l'obscurité, deux

défauts intolerables dans ces matieres, le dernier sur-
tout : car si la clarté est recommandable en tous les
Ouvrages de l'esprit, on peut dire qu'elle est nécessaire dans les récits, où une chose la plûpart du tems,
est la suite & la dépendance d'une autre, où le moindre fonde quelquefois le plus important ; en sorte que
si le fil vient une fois à se rompre, il est impossible au
Lecteur de le renoüer. D'ailleurs, comme les narrations en vers sont très-mal aisées, il se faut charger
de circonstances le moins qu'on peut. Par ce moyen
vous vous soulagez vous-mêmes, & vous soulagez aussi
le Lecteur à qui l'on ne sçauroit manquer d'apprêter
des plaisirs sans peine. Que si l'Auteur a changé quelques incidens, & même quelque catastrophe, ce qui
préparoit cette catastrophe & la nécessité de la rendre
heureuse l'y ont contraint. Il a crû que dans ces sortes
de Contes chacun devoit être content à la fin : cela
plaît au Lecteur, à moins qu'on ne lui ait rendu les
personnes trop odieuses : mais il n'en faut point venir
là, si l'on peut, ni faire rire & pleurer dans une
même Nouvelle. Cette bigarrure déplaît à Horace sur
toutes choses : il ne veut pas que nos compositions res-
semblent aux crotesques, & que nous fassions un ouvrage moitié femme moitié poisson. Ce sont les raisons

PREFACE.

générales que l'Auteur a eües : on en pourroit encore
alléguer de particuliéres, & défendre chaque endroit ;
mais il faut laisser quelque chose à faire à l'habileté
& à l'indulgence des Lecteurs. Ils se contenteront donc
de ces raisons-ci. Nous les aurions mises un peu plus
en jour, & fait valoir davantage, si l'étenduë des
Préfaces l'avoit permis.

CONTES

CONTES

DE
LA FONTAINE.

LES OYES DE FRERE PHILIPPE.

Nouvelle tirée de Bocace.

E dois trop au beau Sexe : il me fait trop
    d'honneur
De lire ces récits ; si tant est qu'il les
    lise.
Pourquoi non ? c'est assez qu'il condamne en son cœur
    Celles qui font quelque sotise :

Tome II.   A

Ne peut-il pas, sans qu'il le dise,
Rire sous cape de ces tours,
Quelque avanture qu'il y trouve?
S'ils sont faux, ce sont vains discours;
S'ils sont vrais, il les désaprouve.
Iroit-il après tout s'allarmer sans raison,
Pour un peu de plaisanterie?
Je craindrois bien plûtôt que la cajolerie
Ne mît le feu dans la maison.
Chassez les soûpirans, Belles; souffrez mon Livre:
Je réponds de vous, corps pour corps;
Mais pourquoi les chasser? Ne sçauroit-on bien vivre,
Qu'on ne s'enferme avec les morts?
Le monde ne vous connoît guéres,
S'il croit que les faveurs sont chez vous familiéres;
Non pas que les heureux Amans
Soient ni Phœnix, ni Corbeaux blancs;
Aussi ne sont-ce fourmilliéres.
Ce que mon Livre en dit, doit passer pour chansons:
J'ai servi des beautés de toutes les façons;
Qu'ai-je gagné? très-peu de chose;
Rien. Je m'aviserois sur le tard d'être cause
Que la moindre de vous commît le moindre mal?
Contons; mais contons bien: c'est le point principal;
C'est tout: à cela près, Censeurs, je vous conseille
De dormir, comme moi, sur l'une & l'autre oreille.
Censurez, tant qu'il vous plaira,
Méchans Vers, & phrases méchantes;
Mais pour bons tours, laissez-les là.
Ce sont choses indifférentes;

Je n'y vois rien de périlleux :
Les meres, les maris, me prendront aux cheveux
    Pour dix ou douze contes bleus ;
    Voyez un peu la belle affaire !
Ce que je n'ai pas fait, mon Livre iroit le faire !
Beau Sexe, vous pouvez le lire en sûreté ;
    Mais je voudrois m'être acquitté
    De cette grace par avance :
    Que puis-je faire en récompense ?
Un conte, où l'on va voir vos appas triompher :
Nulle précaution ne les put étouffer.
Vous auriez surpassé le Printems & l'Aurore
Dans l'esprit d'un garçon, si dès ses jeunes ans,
Outre l'éclat des Cieux, & les beautés des champs,
    Il eût vû les vôtres encore.
Aussi dès qu'il les vit, il en sentit les coups :
Vous surpassâtes tout: il n'eut d'yeux que pour vous:
Il laissa les Palais ; enfin votre personne
    Lui parut avoir plus d'attraits,
    Que n'en auroient, à beaucoup près,
    Tous les joyaux de la Couronne.
On l'avoit dès l'enfance élevé dans un Bois.
    Là, son unique compagnie
Consistoit aux Oiseaux : leur aimable harmonie
    Le désennuyoit quelquefois.
Tout son plaisir étoit cet innocent ramage :
Encor ne pouvoit-il entendre leur langage.
    En une école si sauvage
Son pere l'amena dès ses plus tendres ans :
    Il venoit de perdre sa mere ;

A ij

Et le pauvre garçon ne connut la lumiére,
     Qu'afin qu'il ignorât les gens.
Il ne s'en figura pendant un fort long-tems
     Point d'autres que les habitans
     De cette Forêt ; c'eſt-à-dire,
Que des Loups, des Oiſeaux, enfin ce qui reſpire,
Pour reſpirer ſans plus, & ne ſonger à rien.
Ce qui porta ſon pere à fuir tout entretien,
Ce furent deux raiſons, ou mauvaiſes, ou bonnes ;
     L'une, la haine des perſonnes,
    L'autre, la crainte ; & depuis qu'à ſes yeux
Sa femme diſparut, s'envolant dans les Cieux,
     Le monde lui fut odieux.
     Las d'y gémir & de s'y plaindre,
     Et par-tout des plaintes oüir,
Sa moitié le lui fit par ſon trépas haïr,
     Et le reſte des femmes craindre.
Il voulut être Hermite, & deſtina ſon fils
     A ce même genre de vie.
     Ses biens aux pauvres départis,
     Il s'en va ſeul, ſans compagnie,
Que celle de ce fils qu'il portoit dans ſes bras.
Au fond d'une forêt il arrête ſes pas :
(Cet homme s'appelloit Philippe, dit l'Hiſtoire)
Là par un ſaint motif, & non par humeur noire,
Notre Hermite nouveau cache avec très-grand ſoin
Cent choſes à l'enfant, ne lui dit près ni loin
     Qu'il fût au monde aucune femme,
     Aucuns deſirs, aucun amour.
Au progrès de ſes ans régnant en ce ſéjour

La nourriture de fon ame,
A cinq il lui nomma des fleurs, des animaux;
L'entretint de petits oifeaux;
Et parmi ce difcours, aux enfans agréable,
Mêla des menaces du Diable,
Lui dit qu'il étoit fait d'une étrange façon:
La crainte eft aux enfans la premiere leçon.
Les dix ans expirés, matiere plus profonde
Se mit fur le tapis: un peu de l'autre monde
Au jeune enfant fut révélé,
Et de la femme point parlé.
Vers quinze ans lui fut enfeigné,
Tout autant que l'on put, l'Auteur de la Nature;
Et rien touchant la créature.
Ce propos n'eft alors déja plus de faifon
Pour ceux qu'au monde on veut fouftraire,
Telle idée en ce cas eft fort peu néceffaire.
Quand ce fils eut vingt ans, fon pere trouva bon
De le mener à la Ville prochaine.
Le Vieillard tout caffé ne pouvoit plus qu'à peine
Aller querir fon vivre; & lui mort après tout,
Que feroit ce cher fils? Comment venir à bout
De fubfifter fans connoître perfonne?
Lesloupsn'étoient pas gensqui donnaffent l'aumône.
Il fçavoit bien que le garçon
N'auroit de lui, pour héritage,
Qu'une beface & qu'un bâton:
C'étoit un étrange partage.
Le pere à tout cela fongeoit fur fes vieux ans:
Au refte, il étoit peu de gens

Qui ne lui donnaſſent la miche.
Frere Philippe eût été riche ,
S'il eût voulu. Tous les petits enfans
Le connoiſſoient , & du haut de leur tête
Ils crioient : Apprêtez la quéte ;
Voilà Frere Philippe. Enfin dans la Cité
Frere Philippe ſouhaité
Avoit force dévots ; de dévotes pas une :
Car il n'en vouloit point avoir.
Si-tôt qu'il crut ſon fils ferme dans ſon devoir,
Le pauvre homme le mene voir
Les gens de bien , & tente la fortune.
Ce ne fut qu'en pleurant qu'il expoſa ce fils ;
Voilà nos Hermites partis ;
Ils vont à la Cité ſuperbe , bien bâtie,
Et de tous objets aſſortie :
Le Prince y faiſoit ſon ſéjour.
Le jeune homme tombe des nues ,
Demandoit : Qu'eſt-ce là ? Ce ſont des gens de Cour;
Et là ? Ce ſont Palais. Ici ? Ce ſont ſtatues.
Il conſidéroit tout ; quand de jeunes beautés ,
Aux yeux vifs , aux traits enchantés ,
Paſſérent devant lui. Dès-lors nulle autre choſe
Ne put ſes regards attirer.
Adieu Palais , adieu ce qu'il vient d'admirer :
Voici bien pis , & bien une autre cauſe
D'étonnement.
Ravi , comme en extaſe à cet objet charmant ,
Qu'eſt-ce là , dit-il à ſon pere ?
Qui porte un ſi gentil habit ?

Comment l'appelle-t-on ? Ce difcours ne plut guére
   Au bon Vieillard, qui répondit :
   C'eft un oifeau qui s'appelle Oye.
O l'agréable oifeau, dit le fils plein de joye !
Oye, hélas ! chante un peu, que j'entende ta voix :
   Ne pourroit-on point te connoître ?
Mon pere, je vous prie & mille & mille fois,
   Menons-en une en notre bois :
   J'aurai foin de la faire paître.

RICHARD MINUTOLO.

Nouvelle tirée de Bocace.

C'EST de tout tems qu'à Naples on a vû
Régner l'amour & la galanterie :
De beaux objets cet Etat est pourvû
Mieux que pas un qui soit en Italie.
Femmes y sont, qui font venir l'envie
D'être amoureux, quand on ne voudroit pas
Une sur-tout, ayant beaucoup d'appas,
Eut pour amant un jeune Gentilhomme,
Qu'on appelloit Richard Minutolo.
Il n'étoit lors de Paris jusqu'à Rome
Galant qui sçût si bien le numero :
Force lui fut ; d'autant que cette Belle
(Dont sous le nom de Madame Catelle
Il est parlé dans le Décameron,)

Fut

Fut un long-tems si dure & si rebelle,
Que Minutol n'en sçut tirer raison.
Que fait-il donc? Comme il voit que son zéle
Ne produit rien, il feint d'être guéri :
Il ne va plus chez Madame Catelle ;
Il se déclare amant d'une autre Belle ;
Il fait semblant d'en être favori.
Catelle en rit ; pas grain de jalousie :
Sa concurrente étoit sa bonne amie ;
Si bien qu'un jour qu'ils étoient en devis ,
Minutolo, pour lors de la partie ,
Comme en passant, mit dessus le tapis
Certain propos de certaines coquettes,
Certain mari, certaines amourettes,
Qu'il controuva sans personne nommer ;
Et fit si bien que Madame Catelle
De son époux commence à s'allarmer,
Entre en soupçon, prend le morceau pour elle.
Tant en fut dit, que la pauvre femelle
Ne pouvant plus durer en tel tourment,
Voulut sçavoir de son défunt amant,
Qu'elle tira dedans une ruelle,
De quelles gens il entendoit parler ;
Qui, quoi, comment, & ce qu'il vouloit dire ;
Vous avez eu, lui dit-il, trop d'empire
Sur mon esprit, pour vous dissimuler.
Votre mari voit Madame Simonne :
Vous connoissez la galante que c'est ;
Je ne le dis pour offenser personne ;

Tome II.

B

Mais il y va tant de votre intérêt,
Que je n'ai pû me taire davantage.
Si je vivois deſſous votre ſervage,
Comme autrefois, je me garderois bien
De vous tenir un ſemblable langage,
Qui de ma part ne ſeroit bon à rien.
De ſes amans toujours on ſe méfie.
Vous penſeriez que par ſupercherie
Je vous dirois du mal de votre époux;
Mais, grace à Dieu, je ne veux rien de vous:
Ce qui me meut n'eſt du tout que bon zéle.
Depuis un jour j'ai certaine nouvelle,
Que votre époux chez Janot le Baigneur
Doit ſe trouver avecque ſa Donzelle.
Comme Janot n'eſt pas fort grand Seigneur,
Pour cent ducats vous lui ferez tout dire,
Pour cent ducats il fera tout auſſi.
Vous pouvez donc tellement vous conduire,
Qu'au rendez-vous trouvant votre mari,
Il ſera pris, ſans s'en pouvoir dédire:
Voici comment. La Dame a ſtipulé
Qu'en une chambre, où tout ſera fermé,
L'on les mettra; ſoit craignant qu'on ait vûe
Sur le Baigneur; ſoit que ſentant ſon cas,
Simonne encor n'ait toute honte bûe.
Prenez ſa place, & ne marchandez pas:
Gagnez Jagnot; donnez-lui cent ducats;
Il vous mettra dedans la chambre noire;
Non pour jeûner, comme vous pouvez croire:

Trop bien ferez tout ce qu'il vous plaira.
Ne parlez point ; vous gâteriez l'hiftoire,
Et vous verrez comme tout en ira.
  L'expédient plut très-fort à Catelle :
De grand dépit Richard elle interrompt :
Je vous entends ; c'eft affez, lui dit-elle :
Laiffez-moi faire ; & le drôle & fa Belle
Verront beau jeu, fi la corde ne rompt.
Penfent-ils donc que je fois quelque buze ?
Lors pour fortir elle prend une excufe,
Et tout d'un pas s'en va trouver Janot,
A qui Richard avoit donné le mot.
L'argent fait tout : fi l'on en prend en France
Pour obliger en de femblables cas,
On peut juger avec grande apparence,
Qu'en Italie on n'en refufe pas.
Pour tout carquois, d'une large efcarcelle
En ce Pays le Dieu d'Amour fe fert.
Janot en prend de Richard, de Catelle ;
Il en eût pris du grand Diable d'Enfer.
Pour abbréger, la chofe s'execute
Comme Richard s'étoit imaginé.
Sa maîtreffe eut d'abord quelque difpute
Avec Janot, qui fit le réfervé ;
Mais en voyant bel argent bien compté,
Il promet plus que l'on ne lui demande.
Le tems venu d'aller au rendez-vous,
Minutolo s'y rend feul de fa bande,
Entre en la chambre, & n'y trouve aucuns trous

Par où le jour puisse nuire à sa flâme.
Guéres n'attend : il tardoit à la Dame
D'y rencontrer son perfide d'Epoux,
Bien préparée à lui chanter sa game.
Pas n'y manqua, l'on peut s'en assurer.
Dans le lieu dit Janot la fit entrer :
Là ne trouva ce qu'elle alloit chercher :
Point de Mari, point de Dame Simonne ;
Mais au lieu d'eux Minutol en personne,
Qui sans parler se mit à l'embrasser.
Quant au surplus, je le laisse à penser :
Chacun s'en doute assez, sans qu'on le die.
De grand plaisir notre amant s'extasie.
Que si le jeu plut beaucoup à Richard,
Catelle aussi, toute rancune à part,
Le laissa faire, & ne voulut mot dire.
Il en profite, & se garde de rire ;
Mais toutefois ce n'est pas sans effort.
De figurer le plaisir qu'a le Sire,
Il me faudroit un esprit bien plus fort.
Premierement il jouit de sa Belle :
En second lieu il trompe une cruelle,
Et croit gagner les pardons en cela ;
Mais à la fin Catelle s'emporta.
C'est trop souffrir, traître, ce lui dit-elle ;
Je ne suis pas celle que tu prétens :
Laisse-moi là ; si non à belles dents
Je te déchire, & te saute à la vûe.
C'est donc cela que tu te tiens en mue ;

Fais le malade, & te plains tous les jours,
Te réfervant fans doute à tes amours?
Parle, méchant; dis-moi: fuis-je pourvûe
De moins d'appas? Ai-je moins d'agrément,
Moins de beauté, que ta Dame Simonne?
Le rare oifeau! O la belle friponne!
T'aimois-je moins? Je te hais à préfent,
Et plût à Dieu que je t'euffe vû pendre.
Pendant cela Richard, pour l'appaifer,
La careffoit, tâchoit de la baifer,
Mais il ne put: elle fçut fe défendre.
Laiffe-moi là, fe mit-elle à crier:
Comme un enfant penfe-tu me traiter?
N'approche point; je ne fuis plus ta femme:
Rends-moi mon bien; va-t-en trouver ta Dame!
Va, déloyal; va-t-en: je te le dis.
Je fuis bien fotte, & bien de mon pays,
De te garder la foi de mariage:
A quoi tient-il, que pour te rendre fage,
Tout fur le champ je n'envoye querir
Minutolo, qui m'a fi fort chérie?
Je le devrois, afin de te punir;
Et, fur ma foi, j'en ai prefque l'envie.
A ce propos le galant éclata.
Tu ris, dit-elle: ô Dieux! quelle infolence!
Rougira-t-il? Voyons fa contenance.
Lors de fes bras la Belle s'échappa,
D'une fenêtre à tâtons approcha,
L'ouvrit de force, & fut bien étonnée

Quand elle vit Minutol fon amant.
Elle tomba plus d'à demi pâmée :
Ah ! qui t'eût cru, dit-elle, fi méchant ?
Que dira-t-on ? Me voilà diffamée.
Qui le fçaura ? dit Richard à l'inftant :
Janot eft sûr ; j'en réponds fur ma vie.
Excufez donc fi je vous ai trahie ;
Ne me fçachez mauvais gré d'un tel tour :
Adreffe, force, & rufe, & tromperie,
Tout eft permis en matiere d'amour.
J'étois réduit avant ce ftratagême
A vous fervir fans plus pour vos beaux yeux :
Ai-je failli de me payer moi-même ?
L'euffiez-vous fait ? Non fans doute, & les Dieux
Et ce rencontre ont tout fait pour le mieux.
Je fuis content ; vous n'êtes point coupable :
Eft-ce de quoi paroître inconfolable ?
Pourquoi gémir ? J'en connois, Dieu merci,
Qui voudroient bien qu'on les trompât ainfi.
Mais ce difcours n'appaifa point Catelle :
Elle fe mit à pleurer tendrement.
En cet état elle parut fi belle,
Que Minutol de nouveau s'enflammant,
Lui prit la main. Laiffe-moi, lui dit-elle :
Contente-toi : veux-tu donc que j'appelle
Tous les voifins, tous les gens de Janot ?
Ne faites point, dit-il, cette folie ;
Votre plus court eft de ne dire mot :
Pour de l'argent, & non par tromperie,

(Comme le monde eſt à préſent bâti !)
L'on vous croiroit venue en ce lieu-ci,
Que ſi d'ailleurs cette ſupercherie
Alloit jamais juſqu'à votre mari,
Quel déplaiſir ! Songez-y, je vous prie :
En des combats n'engagez point ſa vie ;
Je ſuis du moins auſſi mauvais que lui.
A ces raiſons enfin Catelle céde.
La choſe étant, pourſuit-il, ſans remede,
Le mieux ſera que vous vous conſoliez :
N'y penſez plus. Si pourtant vous vouliez . . . ?
Mais banniſſons bien loin toute eſpérance :
Jamais mon zéle & ma perſévérance
N'ont eu de vous que mauvais traitement.
Si vous vouliez, vous feriez aiſément
Que le plaiſir de cette jouiſſance
Ne ſeroit pas, comme il eſt, imparfait :
Que reſte-t-il ? Le plus fort en eſt fait.
Tant bien ſçut dire & prêcher, que la Dame
Séchant ſes yeux, raſſerénant ſon ame,
Plus doux que miel à la fin écouta.
D'une faveur en une autre il paſſa,
Eut un ſouris, puis après autre choſe,
Puis un baiſer, puis autre choſe encor ;
Tant que la Belle, après un peu d'effort,
Vient à ſon point, & le drôle en diſpoſe.
Heureux cent fois plus qu'il n'avoit été :
Car quand l'amour d'un & d'autre côté
Veut s'entremettre, & prend part à l'affaire,

Tout va bien mieux, comme m'ont affuré
Ceux que l'on tient fçavans en ce myftere.

Ainfi Richard joüit de fes amours,
Vécut content, & fit force bon tours,
Dont celui-ci peut paffer à la montre.
Pas ne voudrois en faire un plus rufé.
Que plût à Dieu qu'en certaine rencontre
D'un pareil cas je me fuffe avifé !

LES CORDELIERS

DE CATALOGNE.

Nouvelle tirée des cent Nouvelles nouvelles.

JE vous veux conter la beſogne
Des Cordeliers de Catalogne ;
Beſogne où ces Peres en Dieu
Témoignerent en certain lieu
Une charité ſi fervente,
Que mainte femme en fut contente,
Et crut y gagner Paradis.
Telles gens par leurs bons avis,
Mettent à bien les jeunes ames,
Tirent à ſoi filles & femmes,
Se ſçavent emparer du cœur,

Tome II.   C

Et dans la vigne du Seigneur
Travaillent ainſi qu'on peut croire,
Et qu'on verra par cette Hiſtoire.

Au tems que le ſexe vivoit
Dans l'ignorance, & ne ſçavoit
Gloſer encor ſur l'Evangile,
(Tems à cotter fort difficile)
Un eſſaim de Freres Mineurs,
Pleins d'apétit, & beaux dineurs;
S'alla jetter dans une Ville,
En jeunes Beautés très-fertile.
Pour des galants, peu s'en trouvoit;
De vieux maris, il en pleuvoit.
A l'abord une Confrérie
Par les bons Peres fut bâtie;
Femme n'étoit qui n'y courût,
Qui ne s'en mît, & qui ne crût
Par ce moyen être ſauvée :
Puis quand leur foi fut éprouvée,
On vint au véritable point.
Frere André ne marchanda point,
Et leur fit ce beau petit prêche.
Si quelque choſe vous empêche
D'aller tout droit en Paradis,
C'eſt d'épargner pour vos maris
Un bien, dont ils n'ont plus que faire,
Quand ils ont pris leur néceſſaire;
Sans que jamais il vous ait plu
Nous faire part du ſuperflu.

Vous me direz que notre ufage
Répugne aux dons du Mariage :
Nous l'avoüons, & Dieu merci
Nous n'aurions que voir en ceci,
Sans le foin de vos confciences.
La plus griéve des offenfes
C'eft d'être ingrate : Dieu l'a dît.
Pour cela Satan fut maudit,
Prenez-y garde ; & de vos reftes
Rendez grace aux bontés celeftes,
Nous laiffant dîmer fur un bien,
Qui ne vous coûte prefque rien.
C'eft un droit, ô troupe fidele,
Qui vous témoigne notre zéle ;
Droit autentique.& bien figné,
Que les Papes nous ont donné ;
Droit enfin, & non pas aumône ;
Toute femme doit en perfonne
S'en acquiter trois fois le mois,
Vers les Enfans de Saint François.
Cela fondé fur l'Ecriture :
Car il n'eft bien dans la Nature,
(Je le répéte, écoutez-moi)
Qui ne fubiffe cette Loi
De reconnoiffance & d'hommage :
Or les œuvres de mariage
Etant un bien, comme fçavez,
Ou fçavoir chacune devez,
Il eft clair que dîme en eft dûë.

C ij

Cette dîme fera reçûë
Selon notre petit pouvoir.
Quelque peine qu'il faille avoir,
Nous la prendrons en patience :
N'en faites point de confcience ;
Nous fommes gens qui n'avons pas
Toutes nos aifes ici bas.
Au refte il eft bon qu'on vous dife,
Qu'entre la chair & la chemife
Il faut cacher le bien qu'on fait :
Tout ceci doit être fecret,
Pour vos maris & pour tout autre.
Voici trois beaux mots de l'Apôtre
Qui font à notre intention :
Foi, charité, difcrétion.

Frere André par cette éloquence
Satisfit fort fon audience,
Et paffa pour un Salomon ;
Peu dormirent à fon Sermon ;
Chaque femme, ce dit l'hiftoire,
Garda très-bien dans fa mémoire,
Et mieux encor dedans fon cœur
Le difcours du Prédicateur.
Ce n'eft pas tout, il s'exécute :
Chacune accourt ; grande difpute
A qui la premiere payra.
Mainte Bourgeoife murmura
Qu'au lendemain on l'eût remife.

Et notre Mere Sainte Eglife,
Ne fçachant comment renvoyer
Cet efcadron prêt à payer,
Fut contrainte enfin de leur dire :
De par Dieu fouffrez qu'on refpire ;
C'en eft affez pour le préfent ;
On ne peut faire qu'en faifant.
Réglez votre temps fur le nôtre ;
Aujourd'hui l'une, & demain l'autre.
Tout avec ordre, & croyez nous :
On en va mieux, quand on va doux.

Le fexe fuit cette fentence.
Jamais de bruit pour la quittance ;
Trop bien quelque collation,
Et le tout par dévotion.
Puis de trinquer à la Commere.
Je laiffe à penfer quelle chere
Faifoit alors Frere Frapart.
Tel d'entr'eux avoit pour fa part
Dix jeunes femmes bien payantes,
Frifques, gaillardes, attrayantes.
Tel aux douze & quinze paffoit.
Frere Roc à vingt fe chauffoit,
Tant & fi bien que les Donzelles,
Pour fe montrer plus ponctuelles,
Payoient deux fois affez fouvent :
Dont il avint que le Couvent,
Las enfin d'un tel ordinaire,

Après avoir à cette affaire
Vaqué cinq ou six mois entiers,
Eût fait crédit bien volontiers.
Mais les Donzelles scrupuleuses
De s'acquitter étoient soigneuses,
Croyant faillir en retenant
Un bien à l'Ordre appartenant,
Point de dîmes accumulées :
Il s'en trouva de si zélées,
Que par avance elles payoient.
Les beaux Peres n'expédioient
Que les fringantes & les Belles,
Enjoignant aux sempiternelles
De porter en bas leur tribut :
Car dans ces dîmes de rebut
Les Lais trouvoient encor à frire.
Bref à peine il se pourroit dire
Avec combien de charité
Le tout étoit exécuté.

Il avint qu'une de la bande,
Qui vouloit porter son offrande,
Un beau soir, en chemin faisant,
Et son mari la conduisant,
Lui dit : Mon Dieu, j'ai quelque affaire
Là-dedans avec certain Frere ;
Ce sera fait dans un moment.
L'Epoux répondit brusquement :
Quoi ? quelle affaire ? êtes-vous folle ?

Il est minuit sur ma parole :
Demain vous direz vos pechés ;
Tous les bons Peres sont couchés.
Cela n'importe, dit la femme.
Et par Dieu si, dit-il, Madame,
Je tiens qu'il importe beaucoup,
Vous ne bougerez pour ce coup.
Qu'avez-vous fait, & quelle offense
Presse ainsi votre conscience ?
Demain matin j'en suis d'accord.
Ah ! Monsieur, vous me faites tort,
Reprit-elle : ce qui me presse,
Ce n'est pas d'aller à confesse,
C'est de payer ; car si j'attens,
Je ne le pourrai de long-temps ;
Le Frere aura d'autres affaires.
Quoi payer ? la dîme aux bons Peres.
Quelle dîme ? sçavez-vous pas ?
Moi je le sçai ! c'est un grand cas
Que toujours femme aux Moines donne.
Mais cette dîme, ou cette aumône,
La sçaurai-je point à la fin ?
Voyez, dit-elle, qu'il est fin,
N'entendez-vous pas ce langage ?
C'est des œuvres de mariage.
Quelles œuvres, reprit l'Epoux ?
Et là, Monsieur, c'est ce que nous....
Mais j'aurois payé depuis l'heure.
Vous êtes cause qu'en demeure

Je me trouve prefentement ;
Et cela je ne fçai comment ;
Car toujours je fuis coûtumiere,
De payer toute la premiere.

L'Epoux rempli d'étonnement,
Eut cent penfers en un moment ;
Par tant d'endroits tourna fa femme,
Qu'il apprit que mainte autre Dame
Payoit la même penfion ;
Ce lui fut confolation.
Sçachez, dit la pauvre innocente,
Que pas une n'en eft exempte :
Votre Sœur paye à Frere Aubri ;
La Baillie au Pere Fabri ;
Son Alteffe au Frere Guillaume,
Un des beaux Moines du Royaume.
Moi qui paye à Frere Girard,
Je voulois lui porter ma part.
Que de maux la langue nous caufe !
Quand ce mari fçut toute chofe,
Il réfolut premiérement,
D'en avertir fecrettement
Monfeigneur, puis les gens de Ville ;
Mais comme il étoit difficile
De croire un tel cas dès l'abord,
Il voulut avoir le raport
Du drôle à qui payoit fa femme.
Le lendemain devant la Dame

Il fait venir Frere Girard,
Lui porte à la gorge un poignard,
Lui fait conter tout le myſtére ;
Puis ayant enfermé ce Frere
A double clef, bien garotté,
Et la Dame d'autre côté,
Il va par-tout conter ſa chance.
Au logis du Prince il commence ;
Puis il deſcend chez l'Echevin :
Puis il fait ſonner le tocſin.

Chacun opine à la vengeance :
L'un dit qu'il faut en diligence
Aller maſſacrer ces cagots ;
L'autre dit qu'il faut de fagots
Les entourer dans leur repaire,
Et brûler gens & Monaſtére.
Tel veut qu'ils ſoient à l'eau jettés,
Dedans leurs frocs empacquetés ;
Tel invente un autre ſupplice,
Et chacun ſelon ſon caprice :
Bref tous conclurent à la mort ;
L'avis du feu fut le plus fort.
On court au Couvent tout à l'heure ;
Mais par reſpect de la demeure,
L'Arrêt ailleurs s'exécuta ;
Un Bourgeois ſa grange prêta.
La penaille enſemble enfermée,
Fut en peu d'heures conſumée,
Les maris ſautans à l'entour,

Et danſans au ſon du tambour.
Rien n'échappa de leur colere ;
Ni Moinillon, ni béat Pere ;
Robes, manteaux, & capuchons ;
Tout fut brûlé comme cochons.
Tous périrent dedans les flammes.
Je ne ſçai ce qu'on fit des femmes ;
Pour le pauvre Frere Girard,
Il avoit eu ſon fait à part.

LE BERCEAU.

Nouvelle tirée de Bocace.

NON loin de Rome un hôtelier étoit,
Sur le chemin qui conduit à Florence ;
Homme sans bruit, & qui ne se piquoit
De recevoir gens de grosse dépense :
Même chez lui rarement on gîtoit.
Sa femme étoit encor de bonne affaire ,
Et ne passoit de beaucoup les trente ans :
Quant au surplus, ils avoient deux enfans ;
Garçon d'un an, fille en âge d'en faire.
Comme il arrive, en allant & venant,
Pinucio, jeune homme de famille,
Jetta si bien les yeux sur cette fille,
Tant la trouva gracieuse & gentille,
D'esprit si doux, & d'air tant attrayant,

D ij

Qu'il s'en piqua : très-bien le lui fçut dire;
Muet n'étoit, elle fourde non plus,
Dont il avint qu'il fauta par-deffus
Ces longs foupirs, & tout ce vain martire,
Se fentir pris, parler, être écouté,
Ce fut tout un; car la difficulté
Ne giffoit pas à plaire à cette Belle.
Pinuce étoit Gentilhomme bien fait;
Et jufque-là la fille n'avoit fait
Grand cas des gens de même étoffe qu'elle;
Non qu'elle crut pouvoir changer d'état;
Mais elle avoit, nonobftant fon jeune âge,
Le cœur trop haut, le goût trop délicat,
Pour s'en tenir aux amours de Village.
Colette donc (ainfi l'on l'apelloit)
En mariage à l'envi demandée,
Rejettoit l'un, de l'autre ne vouloit;
Et n'avoit rien que Pinuce en l'idée.
Longs pourparlers avecque fon Amant
N'étoient permis; tout leur faifoit obftacle:
Les rendez-vous & le foulagement
Ne fe pouvoient, à moins que d'un miracle.
Cela ne fit qu'irriter leurs efprits.
Ne gênez point, je vous en donne avis,
Tant vos enfans, ô vous peres & meres,
Tant vos moitiés, vous époux & maris;
C'eft où l'Amour fait le mieux fes affaires.

Pinucio, certain foir qu'il faifoit
Un tems fort brun, s'en vient en compagnie

D'un sien ami, dans cette hôtellerie
Demander gîte. On lui dit qu'il venoit
Un peu trop tard. Monsieur, ajouta l'Hôte,
Vous sçavez bien comme on est à l'étroit ;
Dans ce logis tout est plein jusqu'au toît :
Mieux vous vaudroit passer outre, sans faute ?
Ce gîte n'est pour gens de votre état.
N'avez-vous point encor quelque grabat,
Reprit l'Amant, quelque coin de réserve ?
L'Hôte repart : Il ne nous reste plus
Que notre chambre, où deux lits font tendu
Et de ces lits il n'en est qu'un qui serve
Aux survenans ; l'autre nous l'occupons.
Si vous voulez coucher de compagnie
Vous & Monsieur, nous vous hébergerons.
Pinuce dit : Volontiers ; je vous prie
Que l'on nous serve à manger au plûtôt.
Leur repas fait, on les conduit en haut.

Pinucio, sur l'avis de Colette,
Marque de l'œil comme la chambre est faite.
Chacun couché, pour la Belle on mettoit
Un lit de camp : celui de l'Hôte étoit
Contre le mur, attenant de la porte,
Et l'on avoit placé de même sorte,
Tout vis-à-vis, celui du survenant ;
Entre les deux, un berceau pour l'enfant ;
Et toutefois plus près du lit de l'Hôte.
Cela fit faire une plaisante faute
A cet Ami qu'avoit notre Galant.

Sur le minuit, que l'Hôte apparemment
Devoit dormir, l'Hôteſſe en faire autant,
Pinucio, qui n'attendoit que l'heure,
Et qui contoit les momens de la nuit,
Son tems venu, ne fait longue demeure,
Au lit de camp s'en va droit, & ſans bruit.
Pas ne trouva la pucelle endormie;
J'en jurerois. Colette apprit un jeu
Qui, comme on ſçait, laſſe plus qu'il n'ennuie.
Treve ſe fit; mais elle dura peu:
Larcins d'amour ne veulent longue poſe.
Tout à merveille alloit au lit de camp,
Quand cet Ami qu'avoit notre Galant,
Preſſé d'aller mettre ordre à quelque choſe,
Qu'honnêtement exprimer je ne puis,
Voulut ſortir, & ne put ouvrir l'huis,
Sans enlever le berceau de ſa place,
L'enfant avec, qu'il mit près de leur lit;
Le détourner auroit fait trop de bruit.
Lui revenu, près de l'enfant il paſſe,
Sans qu'il daignât le remettre en ſon lieu;
Puis ſe recouche, & quand il plut à Dieu,
Se rendormit. Après un peu d'eſpace,
Dans le logis je ne ſçais quoi tomba:
Le bruit fut grand; l'Hôteſſe s'éveilla,
Puis alla voir ce que ce pouvoit étre:
A ſon retour le berceau la trompa.
Ne le trouvant joignant le lit du maître,
Saint Jean, dit-elle en ſoi-même auſſi-tôt,
J'ai penſé faire une étrange bévûe;

Près de ces gens je me suis, peu s'en faut,
Remise au lit, en chemise ainsi nue ;
C'étoit pour faire un bon charivari.
Dieu soit loué, que ce berceau me montre
Que c'est ici qu'est couché mon mari.
Disant ces mots, auprès de cet ami
Elle se met. Fou ne fut, n'étourdi
Le compagnon dedans un tel rencontre ;
La mit en œuvre, & sans témoigner rien,
Il fit l'Epoux ; mais il le fit trop bien :
Trop bien ! Je faux, & c'est tout le contraire :
Il le fit mal ; car qui le veut bien faire
Doit en besogne aller plus doucement.
Aussi l'Hôtesse eut quelque étonnement.
Qu'a mon mari, dit-elle, & quelle joye
Le fait agir en homme de vingt ans ?
Prenons ceci, puisque Dieu nous l'envoye ;
Nous n'aurons pas toujours tel passe-tems.
Elle n'eut dit ces mots entre ses dents,
Que le Galant recommence la fête.
La Dame étoit de bonne emplette encor ;
J'en ai, je crois, dit un mot dans l'abord :
Chemin faisant, c'étoit fortune honnête.

Pendant cela Colette appréhendant
D'être surprise avecque son Amant,
Le renvoya, le jour venant à poindre.
Pinucio voulant aller rejoindre
Son compagnon, tomba tout de nouveau
Dans cette erreur que causoit le berceau,

Et pour son lit il prit le lit de l'Hôte.
Il n'y fut pas, qu'en abaissant sa voix,
(Gens trop heureux font toujours quelque faute)
Ami, dit-il, pour beaucoup je voudrois
Te pouvoir dire à quel point va ma joye :
Je te plains fort, que le Ciel ne t'envoye
Tout maintenant même bonheur qu'à moi.
Ma foi, Colette est un morceau de Roi.
Si tu sçavois ce que vaut cette fille !
J'en ai bien vû ; mais de telle, entre nous,
Il n'en est point. C'est bien le cuir plus doux ;
Le corps mieux fait, la taille plus gentille,
Et des tetons ! Je ne te dis pas tout.
Quoiqu'il en soit, avant que d'être au bout,
Gaillardement six postes se font faites ;
Six de bon compte, & ce ne sont sornettes.
D'un tel propos l'Hôte tout étourdi
D'un ton confus gronda quelques paroles.
L'Hôtesse dit tout bas à cet ami,
Qu'elle prenoit toujours pour son mari :
Ne reçois plus chez toi ces têtes folles :
N'entends-tu point comme ils sont en débat ?
En son séant l'Hôte sur son grabat
S'étant levé, commence à faire éclat :
Comment, dit-il, d'un ton plein de colére,
Vous veniez donc ici pour cette affaire ?
Vous l'entendez ! & je vous sçais bon gré
De vous moquer encor, comme vous faites !
Prétendez-vous, beau Monsieur que vous êtes,
En demeurer quitte à si bon marché ?

Quoi ?

Quoi ? Ne tient-il qu'à honnir des familles ?
Pour vos ébats nous nourrirons nos filles ?
J'en fuis d'avis. Sortez de ma maifon ;
Je jure Dieu que j'en aurai raifon.
Et toi , coquine, il faut que je te tue.
A ce difcours proféré brufquement ,
Pinucio plus froid qu'une ftatue
Refta fans poulx , fans voix , fans mouvement ;
Chacun fe tut l'efpace d'un moment.
Colette entra dans des peurs nompareilles.
L'Hôteffe ayant reconnu fon erreur ,
Tint quelque tems le loup par les oreilles.
Le feul ami fe fouvint par bonheur
De ce berceau , principe de la chofe.
Adreffant donc à Pinuce fa voix :
T'en tiendras-tu , dit-il , une autre fois ?
T'ai-je averti que le vin feroit caufe
De ton malheur ? Tu fçais que quand tu bois ,
Toute la nuit tu cours , tu te démenes ,
Et vas contant mille chiméres vaines ,
Que tu te mets dans l'efprit en dormant ;
Reviens au lit. Pinuce au même inftant
Fait le dormeur , pourfuit le ftratagême ,
Que le mari prit pour argent comptant.
Il ne fut pas jufqu'à l'Hôteffe même
Qui n'y voulût auffi contribuer :
Près de fa fille elle alla fe placer ,
Et dans ce pofte elle fe fentit forte.
Par quel moyen , comment , de quelle forte ,
S'écria-t-elle , auroit-il pû coucher

Avec Colette, & la deshonorer !
Je n'ai bougé toute nuit d'auprès d'elle :
Elle n'a fait ni pis ni mieux que moi :
Pinucio nous l'alloit donner belle.
L'Hôte reprit : C'eſt aſſez ; je vous croi.
On ſe leva : ce ne fut pas ſans rire ;
Car chacun d'eux en avoit ſa raiſon.
Tout fut ſecret ; & quiconque eut du bon,
Par devers ſoi le garda ſans rien dire.

L'ORAISON
DE SAINT JULIEN.

Nouvelle tirée de Bocace.

BEAUCOUP de gens ont une ferme foi
Pour les brevets, oraiſons & paroles :
Je me ris d'eux ; & je tiens, quant à moi,
Que tous tels ſorts ſont receptes frivoles.
Frivoles ſont, c'eſt ſans difficulté :
Bien eſt-il vrai qu'auprès d'une beauté
Paroles ont des vertus nompareilles ;
Paroles font en amour des merveilles :
Tout cœur ſe laiſſe à ce charme amollir :
De tels brevets je veux bien me ſervir ;
Des autres, non. Voici pourtant un Conte,
Où l'oraiſon de Monſieur Saint Julien

E ij

A Renaud d'Aſt produiſit un grand bien.
S'il ne l'eût dite, il eût trouvé m'écompte
A ſon argent, & mal paſſé la nuit.
     Il s'en alloit devers Château-Guillaume,
Quand trois Quidams (bonnes gens & ſans bruit
Ce lui ſembloit, tels qu'en tout un Royaume
Il n'auroit cru trois auſſi gens de bien)
Quand n'ayant, dis-je, aucun ſoupçon de rien,
Ces trois Quidams tout pleins de courtoiſie,
Après l'abord, & l'ayant ſalué
Fort humblement : Si notre compagnie,
Lui dirent-ils, vous pouvoit être à gré,
Et qu'il vous plût achever cette traite
Avecque nous, ce nous ſeroit honneur :
En voyageant, plus la troupe eſt complette,
Mieux elle vaut ; c'eſt toujours le meilleur.
Tant de Brigands infectent la Province,
Que l'on ne ſçait à quoi ſonge le Prince
De les ſouffrir ; mais quoi ! les mal-vivans
Seront toujours. Renaud dit à ces gens,
Que volontiers. Une lieue étant faite,
Eux diſcourans, pour tromper le chemin,
De choſe & d'autre, ils tombérent enfin
Sur ce qu'on dit de la vertu ſecrette
De certains mots, caractéres, brevets,
Dont les aucuns ont de très-bons effets :
Comme de faire aux inſectes la guerre,
Charmer les loups, conjurer le tonnerre ;
Ainſi du reſte : ou ſans pact ni demi
(De quoi l'on ſoit pour le moins averti)

L'on se guérit ; l'on guérit sa monture,
Soit du farcin , soit de la mémarchure ;
L'on fait souvent ce qu'un bon Médecin
Ne sçauroit faire avec tout son Latin.

Ces survenans de mainte expérience
Se vantoient tous , & Renaud en silence
Les écoutoit. Mais vous, ce lui dit-on ,
Sçavez-vous point aussi quelque oraison ?
De tels secrets, dit-il, je ne me pique,
Comme homme simple , & qui vis à l'antique !
Bien vous dirai, qu'en allant par chemin
J'ai certains mots que je dis au matin,
Dessous le nom d'oraison ou d'antienne
De Saint Julien, afin qu'il ne m'avienne
De mal gîter ; & j'ai même éprouvé,
Qu'en y manquant, cela m'est arrivé :
J'y manque peu ; c'est un mal que j'évite
Par-dessus tous, & que je crains autant.
Et ce matin, Monsieur, l'avez-vous dite ,
Lui répartit l'un des trois en riant ?
Oui , dit Renaud. Or bien, répliqua l'autre,
Gageons un peu quel sera le meilleur,
Pour ce jourd'hui, de mon gîte ou du vôtre.
Il faisoit lors un froid plein de rigueur ;
La nuit de plus étoit fort approchante,
Et la couchée encore assez distante.
Renaud reprit : Peut-être ainsi que moi,
Vous servez-vous de ces mots en voyage ?
Point, lui dit l'autre ; & vous jure ma foi ,

Qu'invoquer Saints n'est pas trop mon usage :
Mais si je perds, je le pratiquerai.
En ce cas-là volontiers gagerai,
Reprit Renaud, & j'y mettrois ma vie,
Pourvû qu'alliez en quelque hôtellerie ;
Car je n'ai là nulle maison d'ami.
Nous mettrons donc cette cause au pari,
Poursuivit-il, si l'avez agréable :
C'est la raison. L'autre lui répondit :
J'en suis d'accord, & gage votre habit,
Votre cheval, la bourse au préalable ;
Sûr de gagner, comme vous allez voir.
Renaud dès-lors put bien s'appercevoir
Que son cheval avoit changé d'étable ;
Mais quel remede ? En cotoyant un bois,
Le Parieur ayant changé de voix,
C'à descendez, dit-il, mon Gentilhomme ;
Votre oraison vous fera bon besoin :
Château-Guillaume est encore un peu loin.
Falut descendre. Ils lui prirent en somme
Chapeau, casaque, habit, bourse & cheval ;
Bottes aussi. Vous n'aurez tant de mal
D'aller à pied, lui dirent les perfides :
Puis de chemin, sans qu'ils prissent de guides,
Changeant tous trois, ils furent aussi-tôt
Perdus de vûe, & le pauvre Renaud,
En caleçons, en chausses, en chemise,
Mouillé, fangeux, ayant au nez la bise,
Va tout dolent, & craint avec raison
Qu'il n'ait ce coup, malgré son oraison,

Très-mauvais gîte ; hormis qu'en sa valise
Il espéroit. Car il est à noter,
Qu'un sien valet contraint de s'arrêter ;
Pour faire mettre un fer à sa monture,
Devoit le joindre : Or il ne le fit pas ;
Et ce fut-là le pis de l'avanture.
Le drôle ayant vû de loin tout le cas,
(Comme valets souvent ne valent guéres)
Prend à côté, pourvoit à ses affaires,
Laisse son maître, à travers champs s'enfuit ;
Donne des deux, gagne devant la nuit
Château-Guillaume, & dans l'hôtellerie
La plus fameuse, enfin la mieux fournie,
Attend Renaud près d'un foyer ardent,
Et fait tirer du meilleur cependant.

Son maître étoit jusqu'au coû dans les boues ;
Pour en sortir avoit fort à tirer :
Il acheva de se desesperer,
Lorsque la neige, en lui donnant aux joues,
Vint à flocons, & le vent qui fouettoit.
Au prix du mal que le pauvre homme avoit,
Gens que l'on pend sont sur des lits de roses.
Le Sort se plaît à dispenser les choses
De la façon ; c'est tout mal, ou tout bien.
Dans ses faveurs il n'a point de mesures ;
Dans son courroux de même il n'ômet rien
Pour nous mâter : témoin les avantures
Qu'eut cette nuit Renaud, qui n'arriva
Qu'une heure après qu'on eut fermé la porte.

Du pied du mur enfin il s'approcha ;
Dire comment, je n'en sçai pas la sorte.
Son bon destin, par un très-grand hazard ;
Lui fit trouver une petite avance
Qu'avoit un toit ; & ce toit faisoit part
D'une maison voisine du rempart.
Renaud ravi de ce peu d'allegeance,
Se met dessous. Un bonheur, comme on dit,
Ne vient point seul. Quatre ou cinq brins de paille
Se rencontrant, Renaud les étendit.
Dieu soit loué, dit-il : voilà mon lit.
Pendant cela le mauvais tems l'assaille
De toutes parts : il n'en peut presque plus.
Transi de froid, immobile & perclus,
Au desespoir bien-tôt il s'abandonne,
Claque des dents, se plaint, tremble & frissonne
Si hautement, que quelqu'un l'entendit.
Ce quelqu'un-là c'étoit une servante,
Et sa maîtresse une veuve galante,
Qui demeuroit au logis que j'ai dit,
Pleine d'appas, jeune & de bonne grace.
Certains Marquis, Gouverneur de la Place ;
L'entretenoit ; & de peur d'être vû,
Troublé, distrait, enfin interrompu
Dans son commerce au logis de la Dame,
Il se rendoit souvent chez cette femme
Par une porte aboutissante aux champs ;
Alloit, venoit, sans que ceux de la ville
En sçûssent rien, non pas même ses gens.

Je

Je m'en étonne, & tout plaisir tranquille
N'est d'ordinaire un plaisir de Marquis :
Plus il est sçû, plus il leur semble exquis.

Or il avint que la même soirée
Où notre Job sur la paille étendu
Tenoit déja sa fin toute assurée,
Monsieur étoit de Madame attendu.
Le soupé prêt, la chambre bien parée,
Bons restaurans, champignons & ragoûts ;
Bains & parfums, matelats blancs & mous ;
Vin du coucher ; toute l'artillerie
De Cupidon, non pas le langoureux,
Mais celui-là qui n'a fait en sa vie
Que de bons tours, le Patron des heureux,
Des jouissans. Etant donc la Donzelle
Prête à bien faire, avint que le Marquis
Ne put venir : elle reçut l'avis
Par un sien Page, & de cela la Belle
Se consola : tel étoit leur marché.
Renaud y gagne. Il ne fut écouté
Plus d'un moment, que pleine de bonté
Cette Servante, & confite en tendresse
Par avanture autant que sa maîtresse,
Dit à la veuve : Un pauvre souffreteux
Se plaint là-bas ; le froid est rigoureux ;
Il peut mourir : vous plaît-il pas, Madame,
Qu'en quelque coin l'on le mette à couvert ?
Oui, je le veux, répondit cette femme :

Ce galetas qui de rien ne nous fert
Lui viendra bien : deffus quelque couchette
Vous lui mettrez un peu de paille nette ;
Et là-dedans il faudra l'enfermer :
De nos reliefs vous le ferez fouper
Auparavant, puis l'envoîrez coucher.

Sans cet Arrêt c'étoit fait de la vie
Du bon Renaud. On ouvre, il remercie ;
Dit qu'on l'avoit retiré du tombeau,
Conte fon cas, reprend force & courage :
Il étoit grand, bien fait, beau perfonnage,
Ne fembloit même homme en amour nouveau,
Quoi qu'il fût jeune. Au refte il avoit honte
De fa mifere, & de fa nudité :
L'Amour eft nû, mais il n'eft pas croté.
Renaud dedans, la Chambriere monte,
Et va conter le tout de point en point.
La Dame dit, regardez fi j'ai point
Quelque habit d'homme encor dans mon armoire ;
Car feu Monfieur en doit avoir laiffé.
Vous en avez, j'en ai bonne mémoire,
Dit la Servante. Elle eut bien-tôt trouvé
Le vrai balot. Pour plus d'honnêteté,
La Dame ayant appris la qualité
De Renaud d'Aft (car il s'étoit nommé)
Dit qu'on le mît au bain chauffé pour elle.
Cela fut fait ; il ne fe fit prier.
On le parfume avant que l'habiller.

Il monte en haut, & fait à la Donzelle
Son compliment, comme homme bien appris :
On sert enfin le soupé du Marquis.

Renaud mangea tout ainsi qu'un autre homme ;
Même un peu mieux ; la Chronique le dit :
On peut à moins gagner de l'appetit.
Quant à la Veuve, elle ne fit en somme
Que regarder, témoignant son desir :
Soit que déja l'attente du plaisir
L'eût disposée, ou soit par sympathie :
Ou que la mine, ou bien le procedé
De Renaud d'Ast eussent son cœur touché,
De tous côtés se trouvant assaillie,
Elle se rend aux semonces d'Amour.
Quand je ferai, disoit-elle, ce tour,
Qui l'ira dire ? Il n'y va rien du nôtre.
Si le Marquis est quelque peu trompé,
Il le mérite, & doit l'avoir gagné,
Ou gagnera ; car c'est un bon Apôtre.
Homme pour homme, & peché pour peché ;
Autant me vaut celui-ci que cet autre.

Renaud n'étoit si neuf qu'il ne vît bien
Que l'Oraison de Monsieur Saint Julien
Feroit effet, & qu'il auroit bon gîte.
Lui hors de table, on dessert au plus vîte.
Les voilà seuls, & pour le faire court,
En beau début. La Dame s'étoit mise

En un habit à donner de l'amour.
La négligence à mon gré si requise
Pour cette fois fut sa Dame d'atour.
Point de clinquant, jupe simple & modeste,
Ajustement moins superbe que leste ;
Un mouchoir noir de deux grands doigts trop court,
Sous ce mouchoir ne sçai quoi fait au tour :
Par là Renaud s'imagina le reste.
Mot n'en dirai : mais je n'ômettrai point,
Qu'elle étoit jeune, agréable & touchante ;
Blanche sur tout, & de taille avenante,
Trop ni trop peu de chair & d'embonpoint.
A cet objet qui n'eût eu l'ame émûe ?
Qui n'eût aimé ? qui n'eût eu des desirs ?
Un Philosophe, un marbre, une statue,
Auroient senti comme nous ces plaisirs.
Elle commence à parler la premiere,
Et fait si bien, que Renaud s'enhardit.
Il ne sçavoit comme entrer en matiere ;
Mais pour l'aider la Marchande lui dit :
Vous rappellez en moi la souvenance
D'un qui s'est vû mon unique souci :
Plus je vous vois, plus je crois voir aussi
L'air & le port, les yeux, la remembrance
De mon Epoux : que Dieu lui fasse paix !
Voilà sa bouche, & voilà tous ses traits.
Renaud reprit : Ce m'est beaucoup de gloire ;
Mais vous, Madame, à qui ressemblez-vous ?
A nul objet, & je n'ai point mémoire

D'en avoir vû qui m'ait femblé fi doux ;
Nulle beauté n'approche de la vôtre.
Or me voici d'un mal chû dans un autre ;
Je tranfiffois, je brûle maintenant.
Lequel vaut mieux ? la Belle l'arrêtant,
S'humilia pour être contredite.
C'eft une adreffe à mon fens non petite.
Renaud pourfuit, loüant par le menu
Tout ce qu'il voit, tout ce qu'il n'a point vû,
Et qu'il verroit volontiers , fi la Belle
Plus que de droit ne fe montroit cruelle.

Poûr vous loüer comme vous méritez ,
Ajoûta-t-il , & marquer les beautés
Dont j'ai la vûe avec le cœur frappée ,
(Car près de vous l'un & l'autre s'enfuit)
Il faut un fiécle , & je n'ai qu'une nuit,
Qui pourroit être encor mieux occupée.
Elle foûrit : il n'en falut pas plus.
Renaud laiffa les difcours fuperflus.
Le temps eft cher en amour comme en guerre,
Homme mortel ne s'eft vû fur la terre
De plus heureux ; car nul point n'y manquoit.
On réfifta tout autant qu'il faloit,
Ni plus ni moins , ainfi que chaque Belle
Sçait pratiquer , pucelle ou non pucelle.
Au demeurant je n'ai pas entrepris
De raconter tout ce qu'il obtint d'elle ;
Menu détail , baifers donnés & pris ,

La petite oye ; enfin ce qu'on appelle
En bon François les préludes d'Amour ;
Car l'un & l'autre y sçavoit plus d'un tour.
Au souvenir de l'état miserable
Où s'étoit vû le pauvre voyageur,
On lui faisoit toujours quelque faveur :
Voilà, disoit la Veuve charitable,
Pour le chemin, voici pour les brigans,
Puis pour la peur, puis pour le mauvais temps ;
Tant que le tout piéce à piéce s'efface.
Qui ne voudroit se raquiter ainsi ?
Conclusion, que Renaud sur la place
Obtint le don d'amoureuse merci.
Les doux propos recommencent ensuite,
Puis les baisers, & puis la noix confite.
On se coucha. La Dame ne voulant
Qu'il s'allat mettre au lit de sa servante,
Le mit au sien : ce fut fait prudemment,
En femme sage, en personne galante.
Je n'ai pas sçû ce qu'étant dans le lit
Ils avoient fait ; mais comme avec l'habit
On met à part certain reste de honte,
Apparemment le meilleur de ce Conte
Entre deux draps pour Renaud se passa.
Là plus à plein il se récompensa
Du mal souffert, de la perte arrivée ;
Dequoi s'étant la Veuve bien trouvée,
Il fut prié de la venir revoir,
Mais en secret ; car il faloit pourvoir

Au Gouverneur. La Belle non contente
De ces faveurs, étala ſon argent.
Renaud n'en prit qu'une ſomme baſtante
Pour regagner ſon logis promptement.

Il s'en va droit à cette hôtellerie,
Où ſon valet étoit encore au lit.
Renaud le roſſe, & puis change d'habit,
Ayant trouvé ſa valiſe garnie.
Pour le combler, ſon bon deſtin voulut
Qu'on attrapât les Quidams ce jour même.
Incontinent chez le Juge il courut.
Il faut uſer de diligence extrême
En pareil cas : car le Greffe tient bon,
Quant une fois il eſt ſaiſi des choſes :
C'eſt proprement la caverne au Lion ;
Rien n'en revient : là les mains ne ſont cloſes
Pour recevoir, mais pour rendre trop bien :
Fin celui-là qui n'y laiſſe du ſien.

Le procès fait, une belle potence
A trois côtés fut miſe en plein marché :
L'un des Quidams harangua l'aſſiſtance
Au nom de tous, & le Trio branché
Mourut contrit & fort bien confeſſé.

Après cela, doutez de la puiſſance
Des Oraiſons. Ces gens gais & joyeux
Sont ſur le point d'emporter leur chevance,

Lors qu'on les vient prier d'une autre danse,
En contr'échange un pauvre malheureux
S'en va périr, selon toute apparence ;
Quand sous la main lui tombe une beauté,
Dont un Prélat se seroit contenté.
Il recouvra son argent, son bagage,
Et son cheval, & tout son équipage ;
Et grace à Dieu, & Monsieur Saint Julien,
Eut une nuit qui ne lui coûta rien.

LE VILLAGEOIS
QUI CHERCHE SON VEAU.

Nouvelle tirée des cent Nouvelles nouvelles.

UN Villageois ayant perdu son veau,
L'alla chercher dans la forêt prochaine.
Il se plaça sur l'arbre le plus beau,
Pour mieux entendre, & pour voir dans la plaine.
Vient une Dame avec un Jouvenceau.
Le lieu leur plaît, l'eau leur vient à la bouche :
Et le Galant, qui sur l'herbe la couche,
Crie, en voyant je ne sçai quels appas :
O Dieux, que vois-je, & que ne vois-je pas !
Sans dire quoi ; car c'étoient lettres closes,
Lors le Manant les arrêtant tout coi.
Homme de bien qui voyez tant de choses,
Voyez-vous point mon Veau ? dites-le moi.

L'ANNEAU
D'HANS CARVEL.

Conte tiré de Rabelais.

H A ns C A r v e l prit sur ses vieux ans
Femme jeune en toute maniere :
Il prit aussi soucis cuisans ;
Car l'un sans l'autre ne va guére.
Babeau, (c'est la jeune femelle,
Fille du Bailli Concordat)
Fut de bon poil, ardente & belle,
Et propre à l'amoureux combat.
Carvel craignant de sa nature
Le cocuage & les railleurs,
Alléguoit à la créature,
Et la Légende, & l'Ecriture,

Et tous les livres les meilleurs :
Blâmoit les visites secrettes ;
Frondoit l'attirail des Coquettes ;
Et contre un monde de recettes,
Et de moyen de plaire aux yeux,
Invectivoit tout de son mieux.
A tous ces discours la Galande
Ne s'arrêtoit aucunement ;
Et de Sermons n'étoit friande,
A moins qu'ils fussent d'un Amant.
Cela faisoit que le bon sire
Ne sçavoit tantôt plus qu'y dire ;
Eût voulu souvent être mort.
Il eut pourtant dans son martire
Quelques momens de réconfort :
L'histoire en est très-véritable.
Une nuit, qu'ayant tenu table,
Et bû forcé bon vin nouveau,
Carvel ronfloit près de Babeau.
Il lui fut avis que le Diable
Lui mettoit au doigt un anneau.
Qu'il lui disoit ; je sçais la peine
Qui te tourmente, & qui te gêne.
Carvel, j'ai pitié de ton cas ;
Tien cette bague, & ne la lâches,
Car tandis qu'au doigt tu l'auras,
Ce que tu crains point ne feras,
Point ne feras, sans que le sçaches.
Trop ne puis vous remercier,
Dit Carvel, la faveur est grande :

G ij

Monsieur Satan, Dieu vous le rende,
Grand merci, Monsieur l'aumônier.
Là-dessus achevant son somme,
Et les yeux encor aggravés,
Il se trouva que le bon homme
Avoit le doigt où vous sçavez.

L'HERMITE.

Nouvelle tirée de Bocace.

DAME Venus, & Dame Hypocrisie,
Font quelquefois ensemble de bons coups;
Tout homme est homme, & les Moines sur tous ¢
Ce que j'en dis, ce n'est point par envie.
Avez-vous Sœur, Fille, ou Femme jolie?
Gardez le froc, c'est un Maître Gonin:
Vous en tenez, s'il tombe sous sa main
Belle qui soit quelque peu simple & neuve.
Pour vous montrer que je ne parle en vain,
Lisez ceci : je ne veux autre preuve.

Un jeune Hermite étoit tenu pour Saint :
On lui gardoit place dans la Légende.
L'homme de Dieu d'une corde étoit ceint

Pleine de nœuds ; mais sous sa houpelande
Logeoit le cœur d'un dangereux paillard.
Un chapelet pendoit à sa ceinture
Long d'une brasse, & gros outre mesure ;
Une clochette étoit de l'autre part.
Au demeurant, il faisoit le cafard,
Se renfermoit, voyant une femelle,
Dedans sa coque, & baissoit la prunelle :
Vous n'auriez dit qu'il eût mangé le lard.

Un bourg étoit dedans son voisinage,
Et dans ce bourg une Veuve fort sage,
Qui demeuroit tout à l'extrêmité.
Elle n'avoit pour tout bien qu'une fille ;
Jeune, ingenuë, agréable & gentille,
Pucelle encor ; mais à la verité
Moins par vertu que par simplicité ;
Peu d'entregent, beaucoup d'honnêteté ;
D'autre dot point ; d'amans pas davantage.
Du tems d'Adam qu'on naissoit tout vêtu,
Je pense bien que la belle en eût eu ;
Car avec rien on montoit un ménage.
Il ne faloit matelas ni linceul ;
Même le lit n'étoit pas nécessaire.
Ce tems n'est plus : Himen qui marchoit seul,
Mene à présent à sa suite un Notaire.

L'Anachorette, en quêtant par le bourg,
Vit cette fille, & dit sous son capuce,
Voici dequoi : si tu sçais quelque tour,

Il te le faut employer, Frere Luce.
Pas n'y manqua : voici comme il s'y prit.
Elle logeoit, comme j'ai déja dit,
Tout près des champs, dans une maisonnette,
Dont la cloison par notre Anachorette
Etant percée aisément & fans bruit,
Le compagnon par une belle nuit,
Belle, non pas ; le vent & la tempête,
Favorifoient le deffein du galant.
Une nuit donc, dans le pertuis mettant
Un long cornet, tout du haut de la tête
Il leur cria : Femmes écoutez-moi.
A cette voix, toutes pleines d'effroi,
Se blotiffant, l'une & l'autre eft en trance,
Il continue, & corne à toute outrance :
Réveillez-vous Créatures de Dieu,
Toi femme veuve, & toi fille pucelle,
Allez trouver mon ferviteur fidelle
L'Hermite Luce, & partez de ce lieu
Demain matin, fans le dire à perfonne ;
Car c'eft ainfi que le ciel vous l'ordonne.
Ne craignez point ; je conduirai vos pas :
Luce eft benin. Toi veuve, tu feras
Que de ta fille il ait la compagnie ;
Car d'eux doit naître un Pape, dont la vie
Réformera tout le peuple Chrétien.
La chofe fut tellement prononcée,
Que dans le lit l'une & l'autre enfoncée
Ne laiffa pas de l'entendre fort bien.
La peur les tint un quart d'heure en filence.

La fille enfin met le nez hors des draps;
Et puis tirant sa mere par le bras,
Lui dit d'un ton tout rempli d'innocence:
Mon Dieu, maman, y faudra-t-il aller?
Ma compagnie! helas, qu'en veut-il faire!
Je ne sçai pas comment il faut parler;
Ma cousine Anne est bien mieux son affaire,
Et retiendroit bien mieux tous ses sermons.
Sotte, tai-toi, lui repartit la mere:
C'est bien cela; va, va, pour ces leçons
Il n'est besoin de tout l'esprit du monde:
Dès la premiere ou bien dès la seconde,
Ta cousine Anne en sçaura moins que toi.
Oui? dit la fille, hé mon Dieu menez-moi
Partons bien-tôt, nous reviendrons au gîte.
Tout doux, reprit la Mere en souriant,
Il ne faut pas que nous allions si vîte:
Car que sçait-on? le diable est bien méchant,
Et bien trompeur: si c'étoit lui ma fille,
Qui fût venu pour nous tendre des lacs?
As-tu pris garde? il parloit d'un ton cas,
Comme je croi que parle la famille
De Lucifer. Le fait mérite bien,
Que sans courir ni précipiter rien,
Nous nous gardions de nous laisser surprendre:
Si la frayeur t'avoit fait mal entendre;
Pour moi j'avois l'esprit tout éperdu.
Non, non, maman, j'ai fort bien entendu,
Dit la fillette. Or bien, reprit la mere,
Puis qu'ainsi va, mettons nous en priere.

Le

Le lendemain tout le jour se passa
A raisonner, & par-ci, & par-là,
Sur cette voix & sur cette rencontre,
La nuit venuë arrive le corneur :
Il leur cria d'un ton à faire peur :
Femme incrédule & qui vas à l'encontre
Des volontés de Dieu ton créateur ;
Ne tarde plus, va-t-en trouver l'Hermite,
Ou tu mourras. La fillette reprit :
Hé bien, maman, l'avois-je pas bien dit ?
Mon Dieu partons ; allons rendre visite
A l'homme saint : je crains tant votre mort,
Que j'y courrois ; & tout de mon plus fort,
S'il le faloit. Allons donc, dit la mere :
La belle mit son corset des bons jours,
Son demi-ceint, ses pendans de velours,
Sans se douter de ce qu'elle alloit faire :
Jeune fillette a toujours soin de plaire.
Notre Cagot s'étoit mis aux aguets,
Et par un trou qu'il avoit fait exprès
A sa cellule ; il vouloit que ces femmes
Le pûssent voir, comme un brave soldat,
Le fouet en main, toujours en un état
De pénitence ; & de tirer des flâmes
Quelque défunt puni pour ses méfaits,
Faisant si bien en frapant tout auprès,
Qu'on crût oüir cinquante disciplines.
Il n'ouvrit pas à nos deux Pelerines
Du premier coup, & pendant un moment
Chacune put l'entrevoir s'escrimant

Du saint outil. Enfin la porte s'ouvre ;
Mais ce ne fut d'un bon *Miferere.*
Le Papelard contrefait l'étonné.
Tout en tremblant la Veuve lui découvre,
Non fans rougir, le cas comme il étoit.
A fix pas d'eux la fillette attendoit
Le réfultat, qui fut que notre Hermite
Les renvoya, fit le bon hypocrite.
Je crains, dit-il, les rufes du malin :
Difpenfez-moi ; le fexe feminin
Ne doit avoir en ma cellule entrée.
Jamais de moi Saint Pere ne naîtra.
La Veuve dit toute déconfortée ,
Jamais de vous ! & pourquoi ne fera ?
Elle ne put en tirer autre chofe.
En s'en allant la fillette difoit ,
Helas ! maman, nos pechés en font caufe.
La nuit revient , & l'une & l'autre étoit
Au premier fomme , alors que l'hypocrite
Et fon cornet font bruire la maifon.
Il leur cria toujours du même ton :
Retournez voir Luce le faint Hermite.
Je l'ai changé , retournez dès demain.
Les voilà donc derechef en chemin.
Pour ne tirer plus en long cette hiftoire ,
Il les reçût. La mere s'en alla ,
Seule s'entend , la fille demeura ;
Tout doucement il vous l'apprivoifa ;
Lui prit d'abord fon joli bras d'ivoire ;
Puis s'approcha, puis en vint au baifer ;

Puis aux beautés que l'on cache à la vûë;
Puis le galant vous la mit toute nuë,
Comme s'il eut voulu la baptifer.

O Papelards, qu'on fe trompe à vos mines!
Tant lui donna du retour de matines,
Que maux de cœur vinrent premierement,
Et maux de cœur chaffés, Dieu fçait comment,
Enfin finale, une certaine enflure
La contraignit d'allonger fa ceinture;
Mais en cachette, & fans en avertir
Le forge Pape, encore moins la mere.
Elle craignoit qu'on ne la fît partir :
Le jeu d'Amour commençoit à lui plaire.
Vous me direz, d'où lui vint tant d'efprit?
D'où? de ce jeu, c'eft l'arbre de fcience.
Sept mois entiers la Galande attendit;
Elle allégua fon peu d'expérience.

Dès que la mere eût indice certain
De fa groffeffe, elle lui fit foudain
Trouffer bagage, & remercier l'Hôte.
Lui de fa part rendit grace au Seigneur
Qui foulageoit fon pauvre ferviteur.
Puis au départ il leur dit que fans faute,
Moyennant Dieu, l'enfant viendroit à bien.
Gardez pourtant, Dame de faire rien
Qui puiffe nuire à votre géniture.
Ayez grand foin de cette créature;
Car tout bonheur vous en arrivera.

Vous régnerez, ferez la Signora,
Ferez monter aux grandeurs tous les vôtres,
Princes les uns, & grands Seigneurs les autres,
Vos coufins Ducs, Cardinaux vos neveux,
Places, châteaux, tant pour vous que pour eux
Ne manqueront en aucune maniere,
Non plus que l'eau qui coule en la riviere.
Leur ayant fait cette prédiction,
Il leur donna fa benediction.

La Signora, de retour chez fa mère,
S'entretenoit jour & nuit du Saint Pere,
Préparoit tout, lui faifoit des beguins;
Au demeurant prenoit tous les matins
La couple d'œufs, attendoit en lieffe
Ce qui viendroit d'une telle groffeffe.
Mais ce qui vint détruifit les châteaux,
Fit avorter les mîtres, les chapeaux,
Et les grandeurs de toute la famille.
La Signora mit au monde une fille.

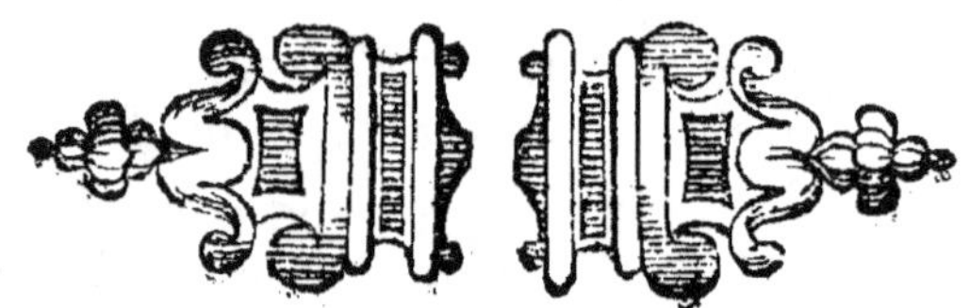

MAZET

DE LAMPORECHIO;

Nouvelle tirée de Bocace.

LE voile n'eſt le rampart le plus sûr
Contre l'amour, ni le moins acceſſible,
Un bon mari, mieux que grille ni mur,
Y pourvoira, ſi pourvoir eſt poſſible ;
C'eſt à mon ſens une erreur trop viſible,
A des Parens, pour ne dire autrement,
De préſumer, après qu'une perſonne
Bon gré, mal gré, s'eſt miſe en un Couvent,
Que Dieu prendra ce qu'ainſi l'on lui donne.
Abus, abus ; je tiens que le malin
N'a revenu plus clair & plus certain.
(Sauf toutefois l'aſſiſtance divine.)

Encore un coup ne faut qu'on s'imagine ;
Que d'être pure & nette de peché,
Soit privilege à la guimpe attaché.
Nenni da, non ; je prétens qu'au contraire
Filles du monde ont toujours plus de peur
Que l'on ne donne atteinte à leur honneur.
La raison eft, qu'elles en ont affaire.
Moins d'ennemis attaquent leur pudeur.
Les autres n'ont pour un feul adverfaire ;
Tentation, fille d'oifiveté,
Ne manque pas d'agir de fon côté :
Puis le defir, enfant de la contrainte.
Ma fille eft Nonne, *Ergo* c'eft une fainte :
Mal raifonné. Des quatre parts les trois
En ont regret & fe mordent les doigts,
Font fouvent pis ; au moins l'ai-je oüi dire
Car pour ce point je parle fans fçavoir.
Bocace en fait certain conte pour rire,
Que j'ai rimé, comme vous allez voir.

Un bon Vieillard en un Couvent de filles ;
Autrefois fut, labouroit le jardin.
Elles étoient toutes affez gentilles,
Et volontiers jafoient dès le matin.
Tant ne fongeoient au fervice divin,
Qu'à foi montrer ès parloirs aguimpées,
Bien blanchement, comme droites poupées,
Prête chacune à tenir coup aux gens ;
Et n'étoit bruit qu'il fe trouvât léans,
Fille qui n'eût dequoi rendre le change ,

Se renvoyant l'un à l'autre l'éteuf.
Huit Sœurs étoient, & l'Abbesse font neuf;
Si mal d'accord que c'étoit chose étrange,
De la beauté la plûpart en avoient;
De la jeunesse elles en avoient toutes.
Et cetui lieu beaux Peres fréquentoient,
Comme on peut croire, & tant bien supputoient,
Qu'ils ne manquoient à tomber sur leurs routes.

Le bon vieillard jardinier dessus dit
Près de ces Sœurs perdoit presque l'esprit :
A leur caprice il ne pouvoit suffire.
Toutes vouloient au vieillard commander;
Dont ne pouvant entr'elles s'accorder,
Il souffroit plus que l'on ne sçauroit dire.

Force lui fut de quitter la maison;
Il en sortit de la même façon
Qu'étoit entré là-dedans le pauvre homme,
Sans croix ne pile, & n'ayant rien en somme
Qu'un vieil habit. Certain jeune garçon
De Lamporech, si j'ai bonne mémoire,
Dit au vieillard un beau jour après boire,
Et raisonnant sur le fait des Nonains,
Qu'il passeroit bien volontiers sa vie
Près de ces Sœurs, & qu'il avoit envie
De leur offrir son travail & ses mains,
Sans demander récompense ni gages.
Le compagnon ne visoit à l'argent :
Trop bien croyoit, ces Sœurs étant peu sages,

Qu'il en pourroit croquer une en paffant ;
Et puis une autre, & puis toute la troupe.
Nuto lui dit, (c'eft le nom du vieillard)
Croi-moi, Mazet, mets-toi quelque autre part
J'aimerois mieux être fans pain ni foupe,
Que d'employer en ce lieu mon travail.
Les Nones font un étrange bétail.
Qui n'a tâté de cette marchandife,
Ne fçait encor ce que c'eft que tourment.
Je te le dis, laiffe-là ce Couvent ;
Car d'efperer les fervir à leur guife,
C'eft un abus ; l'une voudra du mou,
L'autre du dur ; parquoi je te tiens foû,
D'autant plus foû que ces filles font fottes.
Tu n'auras pas œuvre faite entre nous ;
L'une voudra que tu plantes des choux,
L'autre voudra que ce foit de carottes.
Mazet reprit, ce n'eft pas là le point.
Vois-tu, Nuto, je ne fuis qu'une bête ;
Mais dans ce lieu tu ne me verras point
Un mois entier, fans qu'on m'y faffe fête.
La raifon eft, que je n'ai que vingt ans ;
Et comme toi je n'ai pas fait mon tems.
Je leur fuis propre, & ne demande en fomme
Que d'être admis. Dit alors le bon homme :
Au Fac-totum tu n'as qu'a t'adreffer ;
Allons nous-en de ce pas lui parler.
Allons, dit l'autre. Il me vient une chofe
Dedans l'efprit. Je ferai le muet
Et l'idiot. Je penfe qu'en effet ;

Reprit

Reprit Nuto, cela peut-être cause
Que le Pater avec le Fac-totum
N'auront de toi ni crainte ni soupçon.
La chose alla comme ils l'avoient prévûë.
Voilà Mazet, à qui pour bien-venuë
L'on fait bêcher la moitié du jardin.
Il contrefait le sot & le badin,
Et cependant laboure comme un sire.
Autour de lui les Nones alloient rire.

Un certain jour le compagnon dormant,
Ou bien feignant de dormir, il n'importe ;
Bocace dit qu'il en faisoit semblant.
Deux des Nonains le voyant de la sorte
Seul au jardin ; car sur le haut du jour,
Nulle des Sœurs ne faisoit long séjour
Hors le logis, le tout crainte du hâle :
De ces deux donc, l'une approchant Mazet,
Dit à sa Sœur : Dedans ce cabinet
Menons ce sot : Mazet étoit beau mâle,
Et la Galande à le considerer
Avoit pris goût ; parquoi sans différer
Amour lui fit proposer cette affaire.
L'autre reprit : Là dedans ? & quoi faire ?
Quoi ? dit la Sœur, je ne sçai, l'on verra ;
Ce que l'on fait alors qu'on en est là :
Ne dit-on pas qu'il se fait quelque chose ?
JESUS, reprit l'autre Sœur se signant,
Que dis-tu là ? notre regle défend
De tels pensers. S'il nous fait un enfant ?

Si l'on nous voit ? Tu t'en vas être cause
De quelque mal. On ne nous verra point
Dit la premiere ; & quant à l'autre point
C'est s'allarmer avant que le coup vienne.
Usons du tems, sans nous tant mettre en peine,
Et sans prévoir les choses de si loin.
Nul n'est ici, nous avons tout à point,
L'heure ; & le lieu si touffu, que la vûë
N'y peut passer : Et puis sur l'avenuë
Je suis d'avis qu'une fasse le guet :
Tandis que l'autre étant avec Mazet,
A son bel aise aura lieu de s'instruire :
Il est muet & n'en pourra rien dire.
Soit fait, dit l'autre : il faut à ton desir
Acquiescer, & te faire plaisir.
Je passerai si tu veux la premiere
Pour t'obliger : au moins à ton loisir
Tu t'ébatras puis après, de maniere
Qu'il ne sera besoin d'y retourner :
Ce que j'en dis, n'est que pour t'obliger.
Je le voi bien, dit l'autre plus sincere :
Tu ne voudrois sans cela commencer
Assurément, & tu serois honteuse.
Tant y resta cette Sœur scrupuleuse,
Qu'à la fin l'autre allant la dégager
De faction la sçut faire changer.

Notre muet fait nouvelle partie :
Il s'en tira non si gaillardement :
Cette Sœur fut beaucoup plus mal lotie ;

Le pauvre Gars acheva fimplement
Trois fois le jeu, puis après il fit chaffe.
Les deux Nonains n'oublierent la trace
Du cabinet, non plus que du jardin;
Il ne faloit leur montrer le chemin.
Mazet pourtant fe ménagea de forte,
Qu'à Sœur Agnès quelques jours en fuivant
Il fit apprendre une femblable note
En un preffoir tout au bout du couvent.
Sœur Angelique & Sœur Claude fuivirent,
L'une au dortoir, l'autre dans un cellier:
Tant qu'à la fin la cave & le grenier
Du fait des Sœurs maintes chofes apprirent;
Point n'en refta, que le fire Mazet
Ne régalât au moins mal qu'il pouvoit.
L'Abbeffe auffi voulut entrer en danfe.
Elle eut fon droit, double & triple pitance;
De quoi les Sœurs jeûnerent très-long-tems.
Mazet n'avoit faute de reftaurans;
Mais reftaurans ne font pas grande affaire
A tant d'emploi. Tant prefferent le here,
Qu'avec l'Abbeffe un jour venant au choc,
J'ai toujours oüi, ce dit-il, qu'un bon coq
N'en a que fept: au moins qu'on ne me laiffe
Toutes les neuf. Miracle, dit l'Abbeffe,
Venez mes Sœurs, nos jeûnes ont tant fait
Que Mazet parle. Alentour du muet,
Non plus muet, toutes huit accoururent:
Tinrent chapitre, & fur l'heure conclurent,
Qu'à l'avenir Mazet feroit choyé,

Pour le plus sûr : car qu'il fût renvoyé,
Cela rendroit la chofe manifefte.
Le compagnon bien nourri, bien payé,
Fit ce qu'il pût, d'autres firent le refte.
Il les engea de petits Mazillons,
Defquels on fit de petits Moinillons.
Ces Moinillons devinrent bien-tôt peres
Comme les Sœurs devinrent bien-tôt meres
A leur regret, pleines d'humilité ;
Mais jamais nom ne fut mieux mérité.

LA MANDRAGORE.

Nouvelle tirée de Machiavel.

AU préfent Conte on verra la fottife
D'un Florentin. Il avoit femme prife,
Honnête & fage autant qu'il eft befoin,
Jeune pourtant, du refte toute belle :
Et n'eût-on crû de joüiffance telle,
Dans le païs, ni même encor plus loin.
Chacun l'aimoit; chacun la jugeoit digne,
D'un autre époux : car quant à celui-ci,
Qu'on appelloit Nicia Calfucci,
Ce fut un fot en fon tems très-infigne.
Bien le montra, lorfque bon gré malgré
Il réfolut d'être pere appellé ;
Crût qu'il feroit beaucoup pour fa Patrie,

S'il la pouvoit orner de Calfuccis :
Sainte ni Saint n'étoit en Paradis
Qui de ses vœux n'eût la tête étourdie.
Tous ne sçavoient où mettre ses présens.
Il consultoit Matrônes, Charlatans,
Diseurs de mots, experts sur cette affaire :
Le tout en vain : car il ne put tant faire
Que d'être pere. Il étoit buté là.
Quand un jeune homme, après avoir en France
Etudié, s'en revint à Florence,
Aussi leurré qu'aucun de par de-là ;
Propre, galant, cherchant par tout fortune ,
Bien fait de corps ; bien voulu de chacune ;
Il sçut dans peu la Carte du pais ;
Connut les bons & les méchans maris ;
Et de quels bois se chauffoient leurs femelles ;
Quels surveillans ils avoient mis près d'elles ;
Les si, les car, enfin tous les détours ;
Comment gagner les confidens d'amours ,
Et la nourrice, & le Confesseur méme,
Jusques au chien ; tout y fait quand on aime :
Tout tend aux fins ; dont un seul iota
N'étant omis, d'abord le personnage
Jette son plomb sur le Messer Nicia,
Pour lui donner l'ordre de cocuage.
Hardi dessein ! L'épouse de ceans,
A dire vrai, recevoit bien les gens :
Mais c'étoit tout : aucun de ses amans
Ne s'en pouvoit promettre davantage.
Celui-ci seul, Callimaque nommé,

Dès qu'il parut fut très-fort à fon gré.
Le Galant donc près de la forterefſe
Affiet fon camp, vous inveſtit Lucrece;
Qui ne manqua de faire la tigreſfe
A l'ordinaire, & l'envoya joüer.
Il ne ſçavoit à quel faint fe voüer,
Quand le mari, par fa fottife extrême;
Lui fit juger qu'il n'étoit ftratagême,
Panneau n'étoit, tant étrange femblàt,
Où le pauvre homme à la fin ne donnât
De tout fon cœur, & ne s'en affublât.
L'Amant & lui, comme étant gens d'étude;
Avoient entr'eux lié quelque habitude;
Car Nice étoit Docteur en Droit-Canon:
Mieux eût valu l'être en autre fcience,
Et qu'il n'eût pris fi grande confiance
En Callimaque. Un jour au compagnon
Il fe plaignit de fe voir fans lignée.
A qui la faute? Il étoit vert galant,
Lucrece jeune, & drue, & bien taillée.
Lorfque j'étois à Paris, dit l'amant,
Un curieux y paſſa d'avanture:
Je l'allai voir; il m'apprit cent fecrets;
Entr'autres un pour avoir géniture;
Et n'étoit chofe à fon compte plus sûre:
Le Grand Mogol l'avoit avec fuccès
Depuis deux ans éprouvé fur fa femme;
Mainte Princeffe, & mainte & mainte Dame
En avoit fait auffi d'heureux effais.
Il difoit vrai, j'en ai vû des effets.

Cette recepte eſt une médecine
Faite du jus de certaine racine,
Ayant pour nom Mandragore; & ce jus
Pris par la femme opére beaucoup plus,
Que ne fit onc nulle ombre monachale
D'aucun couvent de jeunes Freres plein.
Dans dix mois d'hui je vous fais pere enfin,
Sans demander un plus long intervalle:
Et touchez-là; dans dix mois & devant,
Nous porterons au baptême l'enfant.
Dites-vous vrai, répartit Meſſer Nice?
Vous me rendez un merveilleux office.
Vrai; je l'ai vû : faut-il répéter tant?
Vous mocquez-vous d'en douter ſeulement?
Par votre foi, le Mogol eſt-il homme
Que l'on osât de la ſorte affronter?
Ce curieux en toucha telle ſomme,
Qu'il n'eut ſujet de s'en mécontenter.
Nice reprit : Voilà choſe admirable,
Et qui doit être à Lucrece agréable.
Quand lui verrai-je un Poupon ſur le ſein?
Notre féal, vous ſerez le Parrein;
C'eſt la raiſon : dès-hui je vous en prie.
Tout doux, reprit alors notre Galant;
Ne ſoyez pas ſi prompt, je vous ſupplie:
Vous allez vîte : il faut auparavant
Vous dire tout. Un mal eſt dans l'affaire;
Mais ici bas put-on jamais tant faire,
Que de trouver un bien pur & ſans mal?
Ce jus doué de vertu tant inſigne,

Porte

Porte d'ailleurs qualité très-maligne ;
Presque toujours il se trouve fatal
A celui-là qui le premier caresse
La patiente ; & souvent on en meurt.
Nice reprit aussi-tôt, Serviteur ;
Plus de votre herbe , & laissons-là Lucrece ,
Telle qu'elle est : bien grand-merci du soin :
Que servira , moi mort, si je suis pere ?
Pourvoyez-vous de quelque autre compere :
C'est trop de peine ; il n'en est pas besoin.
L'Amant lui dit : Quel esprit est le vôtre ?
Toujours il va d'un excès dans un autre :
Le grand desir de vous voir un enfant
Vous transportoit n'a guére d'allégresse ;
Et vous voilà , tant vous avez de presse ,
Découragé sans attendre un moment :
Oyez le reste , & sçachez que nature
A mis remede à tout, fors à la mort.
Qu'est-il de faire , afin que l'avanture
Nous réussise , & qu'elle aille à bon port ?
Il nous faudra choisir quelque jeune homme
D'entre le peuple, un pauvre malheureux
Qui vous précéde au combat amoureux ,
Tente la voye , attire & prenne en somme
Tout le venin ; puis le danger ôté,
Il conviendra que de votre côté
Vous agissiez sans tarder davantage ;
Car soyez sûr d'étre alors garanti.
Il nous faut faire *in anima vili*
Ce premier pas , & prendre un personnage

Lourd & de peu ; mais qui ne ſoit pourtant
Mal fait de corps, ni par trop dégoûtant,
Ni d'un toucher ſi rude & ſi ſauvage,
Qu'à votre femme un ſupplice ce ſoit :
Nous ſçavons bien que Madame Lucrece,
Accoutumée à la délicateſſe
De Nicia, trop de peine en auroit :
Même il ſe peut qu'en venant à la choſe,
Jamais ſon cœur n'y voudroit conſentir.
Or ai-je dit un jeune homme, & pour cauſe;
Car plus ſera d'âge pour bien agir,
Moins laiſſera de venin ſans nul doute ;
Je vous promets qu'il n'en laiſſera goute.
Nice d'abord eut peine à digérer
L'expédient ; allégua le danger
Et l'infamie ; il en ſeroit en peine ;
Le Magiſtrat pourroit le rechercher,
Sur le ſoupçon d'une mort ſi ſoudaine :
Empoiſonner un de ſes citadins !
Lucrece étoit échapée aux blondins ;
On l'alloit mettre entre les bras d'un ruſtre.
Je ſuis d'avis qu'on prenne un homme illuſtre,
Dit Callimaque, ou quelqu'un qui bien-tôt
En mille endroits cornera le myſtére :
Sottiſe & peur contiendront ce pitaut.
Au pis aller, l'argent le fera taire.
Votre moitié n'ayant lieu de s'y plaire,
Et le coquin même n'y ſongeant pas,
Vous ne tombez proprement dans le cas
De cocuage. Il n'eſt pas dit encore

Qu'un tel paillard ne réfifte au poifon;
Et ce nous eft une double raifon
De le choifir tel, que la Mandragore
Confume en vain fur lui tout fon venin :
Car quand je dis qu'on meurt, je n'entends dire
Affurément. Il vous faudra demain
Faire choifir fur la brune le fire,
Et dès ce foir donner la potion :
J'en ai chez moi de la confeftion.
Gardez-vous bien au refte, Meffer Nice,
D'aller paroître en aucune façon.
Ligurio choifira le garçon ;
C'eft-là fon fait : laiffez-lui cet office.
Vous vous pouvez fier à ce valet,
Comme à vous-même : il eft fage & difcret.
J'oublie encor que pour plus d'affurance,
On bandera les yeux à ce paillard :
Il ne fçaura qui, quoi, n'en quelle part,
N'en quel logis, ni fi dedans Florence,
Ou bien dehors, on vous l'aura mené.

Par Nicia le tout fut approuvé.
Reftoit fans plus d'y difpofer fa femme :
De prime face elle crut qu'on rioit ;
Puis fe fàcha ; puis jura fur fon ame
Que mille fois plûtôt on la tueroit.
Que diroit-on, fi le bruit en couroit ?
Outre l'offenfe & péché trop énorme,
Calfuce & Dieu fçavoient que de tout tems
Elle avoit craint ces devoirs complaifans,

Qu'elle enduroit seulement pour la forme ;
Puis il viendroit quelque mâtin difforme
L'incommoder, la mettre sur les dents :
Suis-je de taille à souffrir toutes gens ?
Quoi, recevoir un pitaut dans ma couche ?
Puis-je y songer qu'avec que du dédain ?
Et par Saint Jean, ni pitaut, ni blondin,
Ni Roi, ni Roc, ne feront qu'autre touche
Que Nicia jamais onc à ma peau.

Lucrece étant de la sorte arrêtée,
On eut recours à Frere Timothée.
Il la prêcha ; mais si bien & si beau,
Qu'elle donna les mains par pénitence.
On l'assura de plus qu'on choisiroit
Quelque garçon d'honnête corpulence ;
Non trop rustaut, & qui ne lui feroit
Mal ni dégoût. La potion fut prise :
Le lendemain notre amant se déguise,
Et s'enfarine en vrai garçon Meûnier ;
Un faux menton, barbe d'étrange guise ;
Mieux ne pouvoit se métamorphoser.
Ligurio, qui de la faciende
Et du complot avoit toujours été,
Trouve l'amant tout tel qu'il le demande ;
Et ne doutant qu'on n'y fût attrapé,
Sur le minuit le mene à Messer Nice,
Les yeux bandés, le poil teint, & si bien
Que notre époux ne reconnut en rien
Le compagnon, Dans le lit il se glisse

En grand filence ; en grand filence auffi
La patiente attend fa deftinée ;
Bien blanchement, & ce foir atournée :
Voire ce foir : atournée, & pour qui ?
Pour qui ? J'entends : n'eft-ce pas que la Dame
Pour un Meûnier prenoit trop de fouci ?
Vous vous trompez ; le fexe en ufe ainfi.
Meûniers ou Rois, il veut plaire à toute ame :
C'eft double honneur, ce femble, en une femme,
Quand fon efprit échauffe un efprit lourd,
Et fait aimer les cœurs nés fans amour.

   Le travefti changea de perfonnage,
Si-tôt qu'il eut Dame de tel corfage
A fes côtés, & qu'il fut dans le lit.
Plus de Meûnier ; la galante fentit
Auprès de foi la peau d'un honnête homme :
Et ne croyez qu'on employât au fomme
De tels momens. Elle difoit tout bas :
Qu'eft ceci donc ? Ce compagnon n'eft pas
Tel que j'ai cru : le drôle a la peau fine.
C'eft grand dommage ; il ne mérite, hélas !
Un tel deftin : j'ai regret qu'au trépas
Chaque moment de plaifir l'achemine.
Tandis l'époux enrôlé tout de bon
De fa moitié plaignoit bien fort la peine ;
Ce fut avec une fierté de Reine
Qu'elle donna la premiere façon
De cocuage, & pour le décoron
Point ne voulut y joindre fes careffes.

'A ce garçon la perle des Lucreces
Prendroit du goût ? Quand le premier venin
Fut emporté , notre amant prit la main
De sa maîtresse , & de baisers de flâme
La parcourant : Pardon , dit-il , Madame ;
Ne vous fâchez du tour qu'on vous a fait ;
C'est Callimaque : approuvez son martire ,
Vous ne sçauriez ce coup vous en dédire ;
Votre rigueur n'est plus d'aucun effet.
S'il est fatal toutefois , que j'expire ,
J'en suis content : vous avez dans vos mains
Un moyen sûr de me priver de vie ;
Et le plaisir, bien mieux qu'aucuns venins ,
M'achevera ; tout le reste est folie.

Lucrece avoit jusque-là résisté ,
Non par défaut de bonne volonté ,
Ni que l'amant ne plût fort à la Belle ;
Mais la pudeur & la simplicité
L'avoient rendue ingrate en dépit d'elle.
Sans dire mot, sans oser respirer ,
Pleine de honte & d'amour tout ensemble ,
Elle se met aussi-tôt à pleurer.
A son amant peut-elle se montrer
Après cela ? Qu'en pourra-t-il penser ,
Dit-elle en soi, & qu'est-ce qu'il lui semble ?
J'ai bien manqué de courage & d'esprit.
Incontinent un excès de dépit
Saisit son cœur, & fait que la pauvrette
Tourne la tête, & vers le coin du lit

Se va cacher pour derniére retraite.
Elle y voulut tenir bon, mais en vain ;
Ne lui reſtant que ce peu de terrain,
La place fut incontinent rendue.
Le vainqueur l'eut à ſa diſcrétion :
Il en uſa ſelon ſa paſſion,
Et plus ne fut de larme répandue :
Honte ceſſa, ſcrupule autant en fit.
Heureux ſont ceux qu'on trompe à leur profit !
L'Aurore vint trop tôt pour Callimaque,
Trop tôt encor pour l'objet de ſes vœux.
Il faut, dit-il, beaucoup plus d'une attaque
Contre un venin tenu ſi dangereux.
Les jours ſuivans notre couple amoureux
Y ſçut pourvoir : l'époux ne tarda guéres
Qu'il n'eût atteint tous ſes autres confreres.

Pour ce coup-là falut ſe ſéparer :
L'amant courut chez ſoi ſe recoucher.
A peine au lit il s'étoit mis encore,
Que notre Epoux joyeux & triomphant
Le va trouver, & lui conte comment
S'étoit paſſé le jus de Mandragore.
D'abord, dit-il, j'allois tout doucement
Auprès du lit écouter, ſi le Sire
S'approcheroit, & s'il en voudroit dire.
Puis je priai notre épouſe tout bas
Qu'elle lui fît quelque peu de careſſe,
Et ne craignît de gâter ſes appas.
C'étoit au plus une nuit d'embarras.

Et ne pensez, ce lui dis-je Lucrece,
Ni l'un ni l'autre en ceci me tromper.
Je sçaurai tout : Nice se peut vanter
D'être homme à qui l'on n'en donne à garder :
Vous sçavez bien qu'il y va de ma vie.
N'allez donc point faire la renchérie.
Montrez par-là que vous sçavez aimer
Votre mari, plus qu'on ne croit encore :
C'est un beau champ. Que si cette pecore
Fait le honteux, envoyez sans tarder
M'en avertir : car je me vais coucher.
Et n'y manquez : nous y mettrons bon ordre.
Besoin n'en eut : tout fut bien jusqu'au bout.
Sçavez-vous bien que ce rustre y prit goût ?
Le drôle avoit tantôt peine à démordre.
J'en ai pitié : je le plains après tout.
N'y songeons plus : qu'il meure, & qu'on l'enterre ;
Et quant à vous, venez nous voir souvent.
Nargue de ceux, qui me faisoient la guerre.
Dans neuf mois d'hui je leur livre un enfant.

LES REMOIS.

IL n'eſt Cité, que je préfere à Rheims :
C'eſt l'ornement & l'honneur de la France :
Car ſans compter l'Ampoule & les bons Vins,
Charmans objets y ſont en abondance.
Par ce point-là, je n'entends, quant à moi,
Tours ni poteaux, mais gentilles Galoiſes ;
Ayant trouvé telle de nos Remoiſes,
Friande aſſez pour la bouche d'un Roi.
Une avoit pris un Peintre en mariage,
Homme eſtimé dans ſa profeſſion.
Il en vivoit : que faut-il davantage ?
C'étoit aſſez pour ſa condition.
Chacun trouvoit ſa femme fort heureuſe.
Le drôle étoit, grace à certain talent,
Très-bon époux, encor meilleur Galant.
    Tome II.

De fon travail mainte Dame amoureufe
L'alloit trouver ; & le tout à deux fins :
C'étoit le bruit, à ce que dit l'Hiftoire :
Moi qui ne fuis en cela des plus fins,
Je m'en rapporte à ce qu'il en faut croire.
Dès que le Sire avoit Donzelle en main,
Il en rioit avecque fon Epoûfe.
Les droits d'Hymen allant toujours leur train
Befoin n'étoit qu'elle fît la jaloufe.
Même elle eût pu le payer de fes tours ;
Et comme lui voyager en Amours ;
Sauf d'en ufer avec plus de prudence,
Ne lui faifant la même confidence.

Entre les gens qu'elle fçut attirer ,
Deux fiens voifins fe laifferent leurer
A l'entretien libre & gai de la Dame ;
Car c'étoit bien la plus trompeufe femme
Qu'en ce point-là l'on eût fçu rencontrer ?
Sage fur tout ; mais aimant fort à rire.
Elle ne manque incontinent de dire
A fon mari l'amour des deux Bourgeois ,
Tous deux gens fots ; tous deux gens à fornettes
Lui raconta mot pour mot leurs fleurettes,
Pleurs & foupirs , gémiffemens Gaulois.
Ils avoient lu, ou plûtôt oüi dire ,
Que d'ordinaire en amour on foupire.
Ils tâchoient donc d'en faire leur devoir,
Que bien, que mal, & felon leur pouvoir.
A frais communs fe conduifoit l'affaire.

Ils ne devoient nulle chofe fe taire.
Le premier d'eux qu'on favoriferoit
De fon bonheur part à l'autre feroit.

Femmes, voilà fouvent comme on vous traite.
Le feul plaifir eft ce que l'on fouhaite.
Amour eft mort ; le pauvre compagnon
Fut enterré fur les bords du Lignon.
Nous n'en avons ici ni vent ni voye.
Vous y fervez de jouet & de proye
A jeunes gens, indifcrets, fcelerats :
C'eft bien raifon qu'au double on le leur rende.
Le beau premier qui fera dans vos lacs,
Plumez-le moi, je vous le recommande.

La Dame donc, pour tromper fes voifins
Leur dit un jour : vous boirez de nos vins
Ce foir chez nous. Mon mari s'en va faire
Un tour aux champs : & le bon de l'affaire
C'eft qu'il ne doit au gîte revenir.
Nous nous pourrons à l'aife entretenir.
Bon, dirent-ils, nous viendrons fur la brune.
Or les voilà compagnons de fortune.
La nuit venuë, ils font au rendez-vous.
Eux introduits, croyant ville gagnée,
Un bruit furvint ; la fête fut troublée.
On frape à l'huis. Le logis aux verroux
Etoit fermé : la femme à la fenêtre
Court en difant, celui-là frape en maître :
Seroit-ce point par malheur mon époux ?

Oüi, cachez-vous, dit-elle, c'eſt lui-même;
Quelque accident, ou bien quelque ſoupçon
Le font venir coucher à la maiſon.
Nos deux Galants dans ce péril extrême
Se jettent vîte en certain cabinet.
Car s'en aller, comment auroient-ils fait?
Ils n'avoient pas le pied hors de la chambre,
Que l'époux entre, & voit au feu le membre
Accompagné de maint & maint pigeon,
L'un au hâtier, les autres au chaudron.
Oh, oh! dit-il, voilà bonne cuiſine!
Qui traitez-vous? Alis notre voiſine,
Re, rit l'épouſe, & Simonette auſſi.
Loüé ſoit Dieu qui vous ramene ici.
La compagnie en ſera plus complette.
Madame Alis, Madame Simonette
N'y perdront rien. Il faut les avertir
Que tout eſt prét, qu'elles n'ont qu'à venir.
J'y cours moi-même. Alors la créature
Les va prier. Or c'étoient les moitiés
De nos Galans & chercheurs d'avanture,
Qui fort chagrins de ſe voir enfermés,
Ne laiſſoient pas de loüer leur hôteſſe,
De s'être ainſi tirée avec adreſſe
De cet aprêt. Avec elle à l'inſtant
Leurs deux moitiés entrent tout en chantant!
On les ſaluë, on les baiſe, on les loüe
De leur beauté, de leur ajuſtement:
On les contemple, on patine, on ſe joüe;
Cela ne plut aux maris nullement,

Du cabinet la porte à demi clofe,
Leur laiffant voir le tout diftinctement,
Ils ne prenoient aucun goût à la chofe :
Mais paffe encor pour ce commencement.
Le fouper mis prefque au même moment,
Le Peintre prit par la main les deux femmes,
Les fit affeoir, entr'elles fe plaça.
Je bois, dit-il, à la fanté des Dames :
Et de trinquer : paffe encor pour cela.
On fit raifon, le vin ne dura guere.
L'hôteffe étant alors fans chambriere
Court à la cave : & de peur des efprits
Mene avec foi Madame Simonette.
Le Peintre refte avec Madame Alis,
Provinciale affez belle, & bien faite,
Et s'en piquant, & qui pour le païs
Se pouvoit dire honnêtement coquette.
Le compagnon vous la tenant feulette,
La conduifit de fleurette en fleurette
Jufqu'au toucher, & puis un peu plus loin ;
Puis tout-à-coup levant la coierette,
Prit un baifer dont l'époux fut témoin.
Jufque-là paffe : époux, quand ils font fages ,
Ne prennent garde à ces menus fuffrages,
Et d'en tenir regiftre c'eft abus.
Bien eft-il vrai qu'en rencontre pareille
Simples baifers font craindre le furplus ;
Car Satan lors vient fraper fur l'oreille
De tel qui dort, & fait tant qu'il s'éveille.
L'époux vit donc, que tandis qu'une main

Se promenoit fur la gorge à fon aife;
L'autre prenoit tout un autre chemin.
Ce fut alors, Dame, ne vous déplaife,
Que le courroux lui montant au cerveau,
Il s'en alloit enfonçant fon chapeau,
Mettre l'allarme en tout le voifinage;
Battre fa femme, & dire au Peintre rage,
Et témoigner qu'il n'avoit les bras gourds.
Gardez-vous bien de faire une fottife,
Lui dit tout bas fon compagnon d'amours,
Tenez-vous coi. Le bruit en nulle guife
N'eft bon ici; d'autant plus qu'en vos lacs
Vous êtes pris : ne vous montrez donc pas.
C'eft le moyen d'étouffer cette affaire :
Il eft écrit qu'à nul il ne faut faire
Ce qu'on ne veut à foi-même être fait.
Nous ne devons quitter ce cabinet
Que bien à point, & tantôt quand cet homme
Etant au lit prendra fon premier fomme.
Selon mon fens, c'eft le meilleur parti.
A tard viendroit auffi-bien la querelle.
N'êtes-vous pas cocu plus d'à demi ?
Madame Alis au fait a confenti :
Cela fuffit, le refte eft bagatelle.
L'époux goûta quelque peu ces raifons,
Sa femme fit quelque peu de façons,
N'ayant le tems d'en faire davantage.
Et puis ? & puis, comme perfonne fage,
Elle remit fa coëffure en état.
On n'eût jamais foupçonné ce ménage,

Sans qu'il reſtoit un certain incarnat
Deſſus ſon teint ; mais c'étoit peu de choſe :
Dame fleurette en pouvoit être cauſe.
L'une pourtant des tireuſes de vin
De lui ſoûrire au retour ne fit faute :
Ce fut la Peintre. On ſe remit en train :
On releva grillades & feſtin :
On but encore à la ſanté de l'hôte,
Et de l'hôteſſe, & de celle des trois
Qui la premiere auroit quelque avanture,
Le vin manqua pour la ſeconde fois.
L'hôteſſe adroite & fine créature,
Soûtient toujours qu'il revient des eſprits
Chez les voiſins. Ainſi Madame Alis
Servit d'eſcorte. Entendez que la Dame
Pour l'autre emploi inclinoit en ſon ame ;
Mais on l'emmene, & par ce moyen-là
De faction Simonette changea.
Celle-ci fait d'abord plus la ſevere,
Veut ſuivre l'autre, ou feint le vouloir faire ;
Mais ſe ſentant par le Peintre tirer,
Elle demeure, étant trop ménagere,
Pour ſe laiſſer ſon habit déchirer.
L'époux voyant quel train prenoit l'affaire,
Voulut ſortir. L'autre lui dit, tout doux.
Nous ne voulons ſur vous nul avantage.
C'eſt bien raiſon que Meſſer cocuage
Sur ſon état vous couche ainſi que nous.
Sommes-nous pas compagnons de fortune ?
Puiſque le Peintre en a careſſé l'une,

L'autre doit fuivre. Il faut bon gré malgré
Qu'elle entre en danfe , & s'il eft néceffaire ;
Je m'offrirai de lui tenir le pied :
Vouliez ou non, elle aura fon affaire.
Elle l'eut donc ; notre Peintre y pourvut
Tout de fon mieux : auffi le valoit-elle.
Cette derniere eut ce qu'il lui falut :
On en donna le loifir à la Belle.

Quand le vin fut de retour : on conclut
Qu'il ne falloit s'attabler davantage.
Il étoit tard ; & le Peintre avoit fait
Pour ce jour-là fuffifamment d'ouvrage.
On dit bon foir. Le drôle fatisfait
Se met au lit. Nos gens fortent de cage :
L'hôteffe alla tirer du cabinet
Les regardans honteux, mal contens d'elle,
Cocus de plus. Le pis de leur méchef,
Fut qu'aucun d'eux ne put venir à chef
De fon deffein, ni rendre à la Donzelle
Ce qu'elle avoit à leurs femmes prêté :
Par conféquent c'eft fait : j'ai tout conté.

LA COURTISANE

AMOUREUSE.

LE jeune Amour, bien qu'il ait la façon
D'un Dieu qui n'eſt encor qu'à ſa leçon,
Fut de tout tems grand faiſeur de miracles :
En gens coquets il change les Catons ;
Par lui les ſots deviennent des Oracles ;
Par lui les loups deviennent des moutons.
Il fait ſi bien que l'on n'eſt plus le même :
Témoin Hercule, & témoin Polyphême
Mangeurs de gens. L'un ſur un roc aſſis
Chantoit aux vents ſes amoureux ſoucis ;
Et pour charmer ſa Nymphe joliette
Tailloit ſa barbe, & ſe miroit dans l'eau.
L'autre changea ſa maſſuë en fuſeau

Pour le plaisir d'une jeune fillette.
J'en dirois cent. Bocace en rapporte un,
Dont j'ai trouvé l'exemple peu commun.
C'est de Chimon, jeune homme tout sauvage,
Bien fait de corps, mais ours quant à l'esprit.
Amour le léche, & tant, qu'il le polit.
Chimon devint un galant personnage.
Qui fit cela ? deux beaux yeux seulement,
Pour les avoir apperçûs un moment,
Encore à peine, & voilés par le somme,
Chimon aima, puis devint honnête homme.
Ce n'est le point dont il s'agit ici.

Je veux conter comme une de ces femmes
Qui font plaisir aux enfans sans souci,
Put en son cœur loger d'honnêtes flâmes.
Elle étoit fiere, & bizarre sur tout.
On ne sçavoit comme en venir à bout.
Rome c'étoit le lieu de son négoce.
Mettre à ses pieds la mître avec la crosse
C'étoit trop peu : les simples Monseigneurs
N'étoient d'un rang digne de ses faveurs.
Il lui falloit un homme du Conclave,
Et des premiers, & qui fût son esclave ;
Et même encor il y profitoit peu,
A moins que d'être un Cardinal Neveu.
Le Pape enfin, s'il se fût piqué d'elle,
N'auroit été trop bon pour la Donzelle.
De son orgueil ses habits se sentoient.
Force brillans sur sa robe éclatoient,

La chamarure avec la broderie.
Lui voyant faire ainſi la rencherie,
Amour ſe mit en tête d'abaiſſer
Ce cœur ſi haut ; & pour un Gentilhomme
Jeune, bien fait, & des mieux mis de Rome,
Juſques au vif il voulut la bleſſer.
L'adoleſcent avoit pour nom Camille,
Elle, Conſtance. Et bien qu'il fût d'humeur
Douce, traitable, à ſe prendre facile,
Conſtance n'eut ſi-tôt l'amour au cœur,
Que la voilà craintive devenuë.
Elle n'oſa déclarer ſes deſirs
D'autre façon qu'avecque des ſoupirs.
Auparavant pudeur ni retenuë
Ne l'arrêtoient ; mais tout fut bien changé.
Comme on n'eût cru qu'Amour ſe fut logé
En cœur ſi fier, Camille n'y prit garde.
Inceſſamment Conſtance le regarde ;
Et puis ſoupirs, & puis regards nouveaux ;
Toujours rêveuſe au milieu des cadeaux :
Sa beauté même y perdit quelque choſe ;
Bien-tôt le lis l'emporta ſur la roſe.

Avint qu'un ſoir Camille régala
De jeunes gens : il eut auſſi des femmes ;
Conſtance en fut. La choſe ſe paſſa
Joyeuſement ; car peu d'entre ces Dames
Etoient d'humeur à tenir des propos
De ſainteté ni de philoſophie.
Conſtance ſeule étant ſourde aux bons mots

Laiſſoit railler toute la compagnie.
Le ſoupé fait, chacun ſe retira.
Tout dès l'abord Conſtance s'éclipſa,
S'allant cacher en certaine ruelle.
Nul n'y prit garde: & l'on crut que chez elle,
Indiſpoſée, ou de mauvaiſe humeur,
Ou pour affaire, elle étoit retournée.
La compagnie étant donc retirée,
Camille dit à ſes gens, par bonheur,
Qu'on le laiſſât, & qu'il vouloit écrire.
Le voilà ſeul, & comme le deſire
Celle qui l'aime, & qui ne ſçait comment
Ni l'aborder, ni par quel compliment
Elle pourra lui déclarer ſa flâme.
Tremblante enfin, & par néceſſité
Elle s'en vient. Qui fut bien étonné,
Ce fut Camille: Hé quoi, dit-il, Madame,
Vous ſurprenez ainſi vos bons amis ?
Il la fit ſeoir; & puis s'étant remis :
Qui vous croiroit, reprit-il, demeurée ?
Et qui vous a cette cache montrée ?
L'amour, dit-elle. A ce ſeul mot ſans plus
Elle rougit; choſe que ne font guere
Celles qui ſont Prêtreſſes de Venus :
Le vermillon leur vient d'autre maniere.
Camille avoit déja quelque ſoupçon
Que l'on l'aimoit: il n'étoit ſi novice
Qu'il ne connût ſes gens à la façon.
Pour en avoir un plus certain indice,
Et s'égayer, & voir ſi ce cœur fier

Jusques au bout pourroit s'humilier,
Il fit le froid. Notre amante en soupire.
La violence enfin de son martyre
La fait parler : elle commence ainsi.
Je ne sçai pas ce que vous allez dire,
De voir Constance oser venir ici
Vous déclarer sa passion extrême.
Je ne sçaurois y penser sans rougir :
Car du métier de Nymphe me couvrir,
On n'en est plus, dès le moment qu'on aime.
Puis quelle excuse ! hélas si le passé
Dans votre esprit pouvoit être effacé !
Du moins, Camille, excusez ma franchise.
Je vois fort bien que quoi que je vous dise
Je vous déplais. Mon zéle me nuira.
Mais nuise, ou non, Constance vous adore :
Méprisez-là, chassez-là, battez-là ;
Si vous pouvez faites-lui pis encore ;
Elle est à vous. Alors le Jouvenceau :
Critiquer gens m'est, dit-il, fort nouveau ;
Ce n'est mon fait : & toutefois, Madame,
Je vous dirai tout net que ce discours
Me surprend fort, & que vous n'êtes femme
Qui dût ainsi prévenir nos amours.
Outre le sexe, & quelque bienséance
Qu'il faut garder, vous vous êtes fait tort.
A quel propos toute cette éloquence ?
Votre beauté m'eût gagné sans effort,
Et de son chef. Je vous le dis encor,
Je n'aime point qu'on me fasse d'avance.

Ce propos fut à la pauvre Conſtance
Un coup de foudre. Elle reprit pourtant :
J'ai mérité ce mauvais traitement ;
Mais oſe-t-on vous dire ſa penſée ?
Mon procedé ne me nuiroit pas tant ,
Si ma beauté n'étoit point effacée.
C'eſt compliment ce que vous m'avez dit :
J'en ſuis certaine , & lis dans votre eſprit :
Mon peu d'appas n'a rien qui vous engage.
D'où me vient-il ? je m'en raporte à vous.
N'eſt-il pas vrai que n'a guére , entre nous ,
A mes attraits chacun rendoit hommage ?
Ils ſont éteins ces dons ſi précieux.
L'amour que j'ai m'a cauſé ce dommage.
Je ne ſuis plus aſſez belle à vos yeux.
Si je l'étois , je ſerois aſſez ſage.
Nous parlerons tantôt de ce point-là ,
Dit le Galand ; il eſt tard , & voilà
Minuit qui ſonne ; il faut que je me couche.
Conſtance crut qu'elle auroit la moitié
D'un certain lit , que d'un œil de pitié
Elle voyoit : mais d'en ouvrir la bouche
Elle n'oſa , de crainte de refus.
Le compagnon feignant d'être confus
Se tut long-tems ; puis dit : comment ferai-je ?
Je ne me puis tout ſeul deshabiller.
Et bien , Monſieur , dit-elle , appellerai-je ?
Non , reprit-il : gardez-vous d'appeller.
Je ne veux pas qu'en ce lieu l'on vous voye ,
Ni qu'en ma chambre une fille de joie

Passe la nuit au sçu de tous mes gens.
Cela suffit, Monsieur, repartit-elle.
Pour éviter ces inconveniens,
Je me pourrois cacher en la ruelle :
Mais faisons mieux, & ne laissons venir
Personne ici : l'amoureuse Constance
Veut aujourd'hui de laquais vous servir.
Accordez-lui pour toute récompense
Cet honneur-là. Le jeune homme y consent;
Elle s'approche ; elle le déboutonne ;
Touchant sans plus à l'habit, & n'osant
Du bout du doigt toucher à la personne.
Ce ne fut tout ; elle le déchaussa.
Quoi de sa main ! quoi Constance elle même !
Qui fut-ce donc ? est-ce trop que cela ?
Je voudrois bien déchausser ce que j'aime.

Le compagnon dans le lit se plaça ;
Sans la prier d'être de la partie.
Constance crut dans le commencement
Qu'il la vouloit éprouver seulement :
Mais tout cela passoit la raillerie.
Pour en venir au point plus important,
Il fait, dit-elle, un tems froid comme glace :
Où me coucher ?
> *Camille.*
> Par tout où vous voudrez.
>> *Constance.*

Quo isur ce siége ?
>> *Camille.*
>> Et bien non ; vous viendrez

Dedans mon lit.

Conſtance.

Délacez-moi de grace.

Camille.

Je ne ſçaurois, il fait froid, je ſuis nud;
Délacez-vous. Notre amante ayant vu
Près du chevet un poignard dans ſa gaîne,
Le prend, le tire, & coupe ſes habits,
Corps piqué d'or, garnitures de prix,
Ajuſtemens de Princeſſe & de Reine;
Ce que les gens en deux mois à grand'peine
Avoient brodé, périt en un moment:
Sans regretter ni plaindre aucunement
Ce que le ſexe aime plus que ſa vie.
Femmes de France, en feriez-vous autant?
Je crois que non, j'en ſuis ſûr, & partant
Cela fut beau ſans doute en Italie.

La pauvre amante approche en tapinois;
Croyant tout fait; & que pour cette fois
Aucun bizarre & nouveau ſtratagême
Ne viendroit plus ſon aiſe reculer:
Camille dit: c'eſt trop diſſimuler;
Femme qui vient ſe produire elle-même
N'aura jamais de place à mes côtés.
Si bon vous ſemble, allez vous mettre aux pieds;
Ce fut bien-là qu'une douleur extrême
Saiſit la belle, & ſi lors par hazard
Elle avoit eu dans ſes mains le poignard,
C'en étoit fait, elle eût de part en part

Percé

Percé son cœur. Toutefois l'espérance
Ne mourut pas encor dans son esprit.
Camille étoit trop connu de Constance ;
Et que ce fût tout de bon qu'il eût dit
Chose si dure, & pleine d'insolence,
Lui qui s'étoit jusque-là comporté
En homme doux, civil, & sans fierté,
Cela sembloit contre toute apparence.
Elle va donc en travers se placer
Aux pieds du Sire ; & d'abord les lui baise ;
Mais point trop fort, de peur de le blesser.
On peut juger si Camille étoit aise.
Quelle victoire ! avoir mis à ce point
Une beauté si superbe & si fiere !
Une beauté ! je ne la décris point ;
Il me faudroit une semaine entiere.
On ne pouvoit reprocher seulement
Que la pâleur à cet objet charmant,
Pâleur encor, dont la cause étoit telle
Qu'elle donnoit du lustre à notre Belle.
Camille donc s'étend : & sur un sein
Pour qui l'ivoire auroit eu de l'envie
Pose ses pieds, & sans cérémonie
Il s'accommode, & s'en fait un coussin :
Puis feint qu'il céde aux charmes de Morphée.
Par les sanglots notre amante étouffée
Lâche la bonde aux pleurs cette fois-là.
Ce fut la fin. Camille l'appella,
D'un ton de voix qui plut fort à la Belle.
Je suis content, dit-il, de votre amour.

Venez , venez , Conſtance , c'eſt mon tour.
Elle ſe gliſſe ; & lui s'approchant d'elle ,
M'avez-vous cru ſi dur & ſi brutal ,
Que d'avoir fait tout de bon le ſevere
Dit-il d'abord ? vous me connoiſſez mal :
Je vous voulois donner lieu de me plaire.
Or bien je ſçais le fonds de votre cœur.
Je ſuis content , ſatisfait , plein de joie ,
Comblé d'amour : & que votre rigueur ,
Si bon lui ſemble , à ſon tour ſe déploye :
Elle le peut : uſez-en librement.
Je me déclare aujourd'hui votre amant ,
Et votre époux ; & ne ſçais nulle Dame ,
De quelque rang & beauté que ce ſoit ,
Qui vous valut pour maîtreſſe & pour femme ;
Car le paſſé rapeller ne ſe doit
Entre nous deux. Une choſe ai-je à dire ;
C'eſt qu'en ſecret il nous faut marier.
Il n'eſt beſoin de vous ſpécifier
Pour quel ſujet : cela vous doit ſuffire.
Même il eſt mieux de cette façon-là.
Un tel himen à des amours reſſemble ;
On eſt époux & galant tout enſemble.
L'hiſtoire dit que le drôle ajoûta :
Voulez-vous pas , en attendant le Prêtre ,
A votre amant vous fier aujourd'hui ?
Vous le pouvez , je vous réponds de lui ;
Son cœur n'eſt pas d'un perfide & d'un traître,
A tout cela Conſtance ne dit rien.
C'étoit tout dire : il le reconnut bien ;

N'étoit novice en semblables affaires.
Quant au surplus, ce font de tels mysteres,
Qu'il n'est besoin d'en faire le récit.
Voilà comment Constance réussit.

Or faites-en, Nymphes, votre profit.
Amour en a dans son Académie,
Si l'on vouloit venir à l'examen,
Que j'aimerois pour un pareil himen
Mieux que mainte autre à qui l'on se marie.
Femme qui n'a filé toute sa vie
Tâche à passer bien des choses sans bruit,
Témoin Constance & tout ce qui s'ensuit :
Noviciat d'épreuves un peu dures.
Elle en reçut abondamment le fruit :
Nonnes je sçais, qui voudroient chaque nuit
En faire un tel à toutes avantures.

Ce que possible on ne croira pas vrai,
C'est que Camille, en caressant la Belle,
Des dons d'Amour lui fit goûter l'essai :
L'essai ? je faux : Constance en étoit-elle
Aux élemens ? oüi Constance en étoit
Aux élemens. Ce que la Belle avoit
Pris & donné de plaisirs en sa vie,
Conter pour rien jusqu'alors se devoit.
Pourquoi cela ? quiconque aime le die.

NICAISE.

Un Apprenti Marchand étoit,
Qu'avec droit Nicaise on nommoit:
Garçon très-neuf, hors sa boutique,
Et quelque peu d'Arithmétique:
Garçon novice dans les tours,
Qui se pratiquent en amours.
Bons bourgeois, du tems de nos peres,
S'avisoient tard d'être bons freres;
Ils n'apprenoient cette leçon,
Qu'ayant de la barbe au menton.
Ceux d'aujourd'hui, sans qu'on les flate,
Ont soin de s'y rendre sçavans,
Aussi-tôt que les autres gens.
Le Jouvenceau de vieille date,
Possible un peu moins avancé,

Par les degrés n'avoit passé.
Quoiqu'il en soit, le pauvre Sire,
En très-beau chemin demeura,
Se trouvant court par celui-là;
C'est par l'esprit que je veux dire.
Une belle pourtant l'aima:
C'étoit la fille de son maître;
Fille aimable autant qu'on peut l'être,
Et ne tournant autour du pot:
Soit par humeur franche & sincere,
Soit qu'il fût forcé d'ainsi faire,
Etant tombée aux mains d'un sot;
Quelqu'un de trop de hardiesse,
Ira la taxer, & moi non;
Tels procedés ont leur raison;
Lors que l'on aime une Déesse,
Elle fait ces avances-là :
Notre Belle sçavoit cela.
Son esprit, ses traits, sa richesse,
Engageoient beaucoup de jeunesse
A sa recherche; heureux seroit
Celui d'entr'eux qui cueilleroit
En nom d'Himen certaine chose,
Qu'à meilleur titre elle promit
Au jouvenceau ci-dessus dit:
Certain Dieu par fois en dispose,
Amour nommé communément.
Il plut à la Belle d'élire
Pour ce point l'Apprenti Marchand,
Bien est vrai (car il faut tout dire)

Qu'il étoit très-bien fait de corps,
Beau, jeune, & frais : ce font tréfors
Que ne méprife aucune Dame,
Tant foit fon efprit précieux.
Pour une qu'amour prend par l'ame,
Il en prend mille par les yeux.
Celle-ci donc des plus galantes,
Par mille chofes engageantes
Tâchoit d'encourager le gars ;
N'étoit chiche de fes regards,
Le pinçoit, lui venoit foûrire,
Sur les yeux lui mettoit la main,
Sur le pied lui marchoit enfin.
A ce langage il ne fçut dire
Autre chofe que des foupirs,
Interprétes de fes defirs.

   Tant fut, à ce que dit l'hiftoire,
De part & d'autre foupiré,
Que leur feu dûement déclaré,
Les jeunes gens, comme on peut croire,
Ne s'épargnérent ni fermens,
Ni d'autres points bien plus charmans ;
Comme baifers à groffe ufure :
Le tout fans compte & fans mefure.
Calculateur que fut l'amant,
Brouiller falloit inceffamment :
La chofe étoit tant infinie
Qu'il y faifoit toujours abus :
Somme toute, il n'y manquoit plus

Qu'une feule cérémonie.
Bon fait aux filles l'épargner.
Ce ne fut pas fans témoigner
Bien du regret, bien de l'envie.
Par vous, difoit la belle amie,
Je me la veux faire enfeigner,
Ou ne la fçavoir de ma vie.
Je la fçaurai, je vous promets ;
Tenez-vous certain deformais
De m'avoir pour votre apprentie.
Je ne puis pour vous que ce point,
Je fuis franche ; n'attendez point
Que par un langage ordinaire,
Je vous promette de me faire
Religieufe, à moins qu'un jour
L'himen ne fuive notre amour.
Cet himen feroit bien mon compte,
N'en doutez point : mais le moyen ?
Vous m'aimez trop, pour vouloir rien
Qui me pût caufer de la honte.
Tels & tels m'ont fait demander.
Mon pere eft prêt de m'accorder.
Moi je vous permets d'efperer
Qu'à qui que ce foit qu'on m'engage,
Soit Confeiller, foit Préfident,
Soit veille ou jour de Mariage,
Je ferai vôtre auparavant,
Et vous aurez mon pucelage.

Le garçon la remercia

Comme il put. A huit jours de là
Il s'offre un parti d'importance.
La Belle dit à son ami :
Tenons-nous en à celui-ci ;
Car il est homme, que je pense ;
A passer la chose au gros sas.
La Belle en étant sur ce cas,
On la promet, on la commence :
Le jour des noces se tient prêt.

Entendez ceci, s'il vous plaît.
Je pense voir votre pensée
Sur ce mot-là de commencée.
C'étoit alors sans point d'abus
Fille promise & rien de plus.

Huit jours donnés à la Fiancée ;
Comme elle appréhendoit encor
Quelque rupture en cet accord,
Elle diffère le négoce
Jusqu'au propre jour de la noce ;
De peur de certain accident,
Qui les fillettes va perdant.
On méne au moûtier cependant
Notre Galande encor pucelle.
Le oüi fut dit à la chandelle.
L'Epoux voulut avec la Belle
S'en aller coucher au retour.
Elle demande encor ce jour,
Et ne l'obtient qu'avecque peine.

Il falut pourtant y paffer.
Comme l'Aurore étoit prochaine,
L'Epoufe au lieu de fe coucher
S'habille. On eût dit une Reine.
Rien ne manquoit aux vêtemens,
Perles, joyaux, & diamans;
Son Epoufé la faifoit Dame.
Son ami pour la faire femme
Prend heure avec elle au matin,
Ils devoient aller au jardin,
Dans un bois propre à telle affaire.
Une compagne y devoit faire
Le guet autour de nos amans,
Compagne inftruite du myftere.
La Belle s'y rend la premiere,
Sous le prétexte d'aller faire
Un bouquet, dit-elle, à fes gens.
Nicaife après quelques momens
La va trouver : & le bon Sire
Voyant le lieu fe met à dire
Qu'il fait ici d'humidité
Foin, votre habit fera gâté.
Il eft beau : ce feroit dommage.
Souffrez, fans tarder davantage,
Que j'aille querir un tapis.
Eh mon Dieu laiffons les habits,
Dit la Belle toute piquée,
Je dirai que je fuis tombée.
Pour la perte n'y fongez point.
Quand on a tems fi fort à point

Il en faut uſer ; & périſſent
Tous les vêtemens du pays ;
Que plûtôt tous les beaux habits
Soient gâtés, & qu'ils ſe ſaliſſent ;
Que d'aller ainſi conſumer
Un quart-d'heure : un quart-d'heure eſt cher ;
Tandis que tous les gens agiſſent
Pour ma nôce, il ne tient qu'à vous
D'employer des momens ſi doux.
Ce que je dis ne me ſied guere :
Mais je vous cheris, & vous veux
Rendre honnête homme, ſi je peux.
En vérité, dit l'Amoureux,
Conſerver étoffe ſi chere
Ne ſera point mal fait à nous.
Je cours, c'eſt fait, je ſuis à vous ;
Deux minuttes feront l'affaire.

Là-deſſus il part, ſans laiſſer
Le temps de lui rien repliquer.
Sa ſottiſe guerit la Dame :
Un tel dédain lui vint en l'ame,
Qu'elle reprit dès ce moment
Son cœur, que trop indignement
Elle avoit placé : quelle honte !
Prince des ſots, dit-elle en ſoi,
Va, je n'ai nul regret de toi :
Tout autre eût été mieux mon compte.
Mon bon Ange a conſideré
Que tu n'avois pas merité

Une faveur fi précieufe.
Je ne veux plus être amoureufe
Que de mon mari ; j'en fais vœu.
Et de peur qu'un refte de feu
A le trahir ne me r'engage,
Je vais , fans tarder davantage ,
Lui porter un bien qu'il auroit,
Quand Nicaife en fon lieu feroit.
A ces mots la pauvre époufée,
Sort du bois fort fcandalifée.
L'autre revient, & fon tapis ;
Mais ce n'eft plus comme jadis.
Amans, la bonne heure ne fonne
A toutes les heures du jour.
J'ai lu dans l'alphabet d'Amour,
Qu'un Galant près d'une perfonne
N'a toujours le tems comme il veut ?
Qu'il le prenne donc comme il peut.
Tous délais y font du dommage :
Nicaife en eft un témoignage.
Fort effouflé d'avoir couru ,
Et joyeux de telle prouëffe
Il s'en revient, bien réfolu
D'employer tapis & maîtreffe.
Mais quoi ! la Dame au bel habit
Mordant fes lévres de dépit
Retournoit vers la compagnie ;
Et de fa flame bien guérie ,
Poffible alloit dans ce moment,
Pour fe venger de fon amant ,

Porter à son mari la chose
Qui lui causoit ce dépit-là.
Quelle chose ? c'est celle-là ,
Que fille dit toujours qu'elle a.
Je le crois ; mais d'en mettre ja
Mon doigt au feu, ma foi je n'ose :
Ce que je sçai, c'est qu'en tel cas
Fille qui ment ne péche pas.

    Grace à Nicaise, notre Belle
Ayant sa fleur en dépit d'elle
S'en retournoit tout en grondant :
Quand Nicaise la rencontrant,
A quoi tient, dit-il à la Dame ,
Que vous ne m'ayez attendu ?
Sur ce tapis bien étendu
Vous seriez en peu d'heure femme.
Retournons donc sans consulter :
Venez cesser d'être pucelle ;
Puis que je puis sans rien gâter ,
Vous témoigner quel est mon zéle.
Non pas cela , reprit la Belle :
Mon pucelage dit qu'il faut
Remettre l'affaire à tantôt.
Jaime votre santé, Nicaise ;
Et vous conseille auparavant
De reprendre un peu votre vent.
Or respirez tout à votre aise.
Vous êtes apprenti Marchand ;
Faites-vous apprenti Galant :

Vous n'y ferez pas fi-tôt Maître.
A mon égard, je ne puis être
Votre maîtreffe en ce métier.
Sire Nicaife, il vous faut prendre
Quelque Servante du quartier.
Vous fçavez des étoffes vendre,
Et leur prix en perfection;
Mais ce que vaut l'occafion
Vous l'ignorez, allez l'apprendre.

COMMENT L'ESPRIT
VIENT AUX FILLES.

IL eſt un jeu divertiſſant ſur tous,
  Jeu dont l'ardeur ſouvent ſe renouvelle :
Il divertit & la laide & la belle ;
Soit jour, ſoit nuit, à toute heure il eſt doux
Or devinez comment ce jeu s'appelle.

  Le beau du jeu n'eſt connu de l'époux :
C'eſt chez l'amant que ce plaiſir excelle.
De regardans, pour y juger des coups,
Il n'en faut point, jamais on n'y querelle.
Or devinez comment ce jeu s'appelle.
Qu'importe-t-il ? ſans s'arrêter au nom,
Ni badiner là-deſſus davantage,

Je vais encor vous en dire un ufage :
Il fait venir l'efprit & la raifon.
Nous le voyons en mainte beftiole.
Avant que Life allât en cette école,
Life n'étoit qu'un miferable oifon ,
Coudre & filer étoit fon exercice ,
Non pas le fien , mais celui de fes doigts :
Car que l'efprit eût part à cet office ,
Ne le croyez ; il n'étoit nuls emplois ,
Où Life pût avoir l'ame occupée :
Life fongeoit autant que fa poupée.
Cent fois le jour fa mere lui difoit :
Va-t-en chercher de l'efprit, malheureufe.
La pauvre fille auffi-tôt s'en alloit
Chez les voifins , afligée & honteufe ,
Leur demandant où fe vendoit l'efprit.
On en rioit : à la fin on lui dit :
Allez trouver Pere Bonaventure ,
Car il en a bonne provifion.
Incontinent la jeune créature ,
S'en va le voir , non fans confufion ;
Elle craignoit que ce ne fut dommage
De détourner ainfi tel perfonnage.
Me voudroit-il faire de tels préfens ,
A moi qui n'ai que quatorze ou quinze ans ?
Vaux-je cela ? difoit en foi la Belle.
Son innocence augmente fes appas :
Amour n'avoit à fon croc de pucelle
Dont il crut faire un auffi bon repas.
Mon Reverend , dit-elle , au béat homme,

Je viens vous voir ; des perſonnes m'ont dit,
Qu'en ce couvent on vendoit de l'eſprit :
Votre plaiſir ſeroit-il qu'a crédit
J'en pûſſe avoir ? non pas pour groſſe ſomme,
A gros achat mon tréſor ne ſuffit :
Je reviendrai , s'il m'en faut davantage :
Et cependant prenez ceci pour gage.
A ce diſcours , je ne ſçais quel anneau,
Qu'elle tiroit de ſon doigt avec peine ,
Ne venant point , le Pere dit : tout beau,
Nous pourvoirons à ce qui vous améne,
Sans exiger nul ſalaire de vous :
Il eſt marchande, & marchande entre nous ;
A l'une on vend ce qu'à l'autre l'on donne.
Entrez ici : ſuivez moi hardiment ;
Nul ne nous voit, aucun ne nous entend ;
Tous ſont au chœur ; le portier eſt perſonne
Entierement à ma dévotion ,
Et ces murs ont de la diſcrétion :
Elle le ſuit : ils vont à ſa cellule.
Mon Reverend la jette ſur un lit ;
Veut la baiſer ; la pauvrete recule
Un peu la tête ; & l'innocente dit :
Quoi c'eſt ainſi qu'on donne de l'eſprit ?
Et vraiment oüi, repart ſa Reverence :
Puis il lui met la main ſur le teton :
Encore ainſi ? vraiment oüi ; comment donc
La Belle prend le tout en patience :
Il ſuit ſa pointe , & d'encor en encor
Toujours l'eſprit s'inſinuë & s'avance ,

Tant

Tant & si bien qu'il arrive à bon port.
Lise rioit du succès de la chose.
Bonaventure à six momens de là
Donne d'esprit une seconde dose.
Ce ne fut tout, une autre succeda ;
La charité du beau Pere étoit grande.
Et bien ; dit-il, que vous semble du jeu ?
A nous venir l'esprit tarde bien peu,
Reprit la Belle ; & puis elle demande :
Mais s'il s'en va ? s'il s'en va ? nous verrons ;
D'autres secrets se mettent en usage :
N'en cherchez point, dit Lise, davantage ;
De celui-ci nous nous contenterons.
Soit fait ; dit-il, nous recommencerons,
Au pis aller, tant & tant, qu'il suffise.
Le pis aller sembla le mieux à Lise.
Le secret même encor se repeta
Par le Pater ; il aimoit cette dance.
Lise lui fait une humble reverence,
Et s'en retourne en songeant à cela.
Lise songer ? quoi déja Lise songe !
Elle fait plus, elle cherche un mensonge,
Se doutant bien qu'on lui demanderoit,
Sans y manquer, d'où ce retard venoit.
Deux jours après sa compagne Nanette
S'en vient la voir : pendant leur entretien
Lise rêvoit, Nanette comprit bien,
Comme elle étoit clair-voyante & finette,
Que Lise alors ne rêvoit pas pour rien.
Elle fait tant, tourne tant son amie,

Que celle-ci lui déclare le tout.
L'autre n'étoit à l'oüir endormie.
Sans rien cacher, Life de bout en bout,
De point en point, lui conte le myftere,
Dimenfions de l'efprit du beau Pere,
Et les encor, enfin tout le Phœbé.
Mais vous, dit-elle, apprenez-nous de grace
Quand & par qui l'efprit vous fut donné.
Anne reprit : puifqu'il faut que je faffe,
Un libre aveu, c'eft votre frere Alain,
Qui m'a donné de l'efprit un matin.
Mon frere Alain ! Alain ! s'écria Life,
Alain mon frere ! ah je fuis bien furprife,
Il n'en a point, comme en donneroit-il ?
Sotte, dit l'autre, helas ! tu n'en fçais guére :
Aprens de moi que pour pareille affaire,
Il n'eft befoin que l'on foit fi fubtil.
Ne me crois-tu ? fçaches-le de ta mere,
Elle eft experte au fait dont il s'agit.
Sur ce point-là l'on t'aura bien-tôt dit,
Vivent les fots pour donner de l'efprit.

L'ABBESSE MALADE.

L'EXEMPLE sert, l'exemple nuit aussi :
Lequel des deux doit l'emporter ici,
Ce n'est mon fait : l'un dira que l'Abbesse
En usa bien, l'autre au contraire, mal :
Selon les gens, bien ou mal, je ne laisse
D'avoir mon compte, & montre en general,
Par ce que fit tout un troupeau de Nonnes,
Que brebis sont la plûpart des personnes.
Qu'il en passe une, il en passera cent ;
Tant sur les gens est l'exemple puissant.
Agnès passa, puis autre Sœur, puis une :
Tant qu'à passer s'entrepressant chacune,
On vit enfin celle qui les gardoit
Passer aussi : c'est en gros tout le conte.
Voici comment en détail on le conte.

P ij

Certaine Abbeſſe un certain mal avoit,
Pâles couleurs nommé parmi les filles;
Mal dangereux, & qui des plus gentilles
Détruit l'éclat, fait languir les attraits.
Notre malade avoit la face blême,
Tout juſtement comme un Saint de Carême ;
Bonne d'ailleurs, & gente à cela près.
La Faculté ſur ce point conſultée,
Après avoir la choſe examinée,
Dit que bien-tôt Madame tomberoit
En fiévre lente, & puis qu'elle mourroit.
Force ſera que cette humeur la mange ;
A moins que de... (l'a moins eſt bien étrange)
A moins enfin qu'elle n'ait à ſouhait
Compagnie d'homme. Hipocrate ne fait
Choix de ſes mots, & tant tourner ne ſçait,
Jeſus, reprit toute ſcandaliſée
Madame Abbeſſe : hé que dites-vous-là ?
Fi. Nous diſons, repartit à cela
La Faculté, que pour choſe aſſurée
Vous en mourrez, à moins d'un bon galant,
Bon le faut-il, c'eſt un point important ;
Autre que bon n'eſt ici ſuffiſant :
Et ſi bon n'eſt, deux en prendrez, Madame.
Ce fut bien pis : non pas que dans ſon ame
Ce bon ne fût par elle ſouhaité :
Mais le moyen que ſa Communauté
Lui vît ſans peine approuver telle choſe ?
Honte ſouvent eſt de dommage cauſe.
Sœur Agnès dit : Madame croyez-les.

Un tel remede eſt choſe bien mauvaiſe,
S'il a le goût méchant à beaucoup près
Comme la mort. Vous faites cent ſecrets ;
Faut-il qu'un ſeul vous choque & vous déplaiſe?
Vous en parlez, Agnès, bien à votre aiſe,
Reprit l'Abbeſſe : or çà, par votre Dieu,
Le feriez-vous ? mettez-vous en mon lieu.
Oüi-dà Madame; & dis bien davantage :
Votre ſanté m'eſt chere juſques-là
Que s'il falloit pour vous ſouffrir cela,
Je ne voudrois que, dans ce témoignage
D'affection, pas une de céans
Me devançât. Mille remercimens
A Sœur Agnès donnés par ſon Abbeſſe ;
La faculté dit adieu là-deſſus,
Et proteſta de ne revenir plus.
Tout le Couvent ſe trouvoit en triſteſſe,
Quand Sœur Agnès, qui n'étoit de ce lieu
La moins ſenſée, au reſte bonne lame,
Dit à ſes Sœurs : tout ce qui tient Madame
Eſt ſeulement belle honte de Dieu.
Par charité n'en eſt-il point quelqu'une,
Pour lui montrer l'exemple & le chemin?
Cet avis fut approuvé de chacune :
On l'applaudit, il court de main en main ;
Pas une n'eſt, qui montre en ce deſſein
De la froideur, ſoit Nonne, ſoit Nonnette,
Mere Prieure, ancienne, ou diſcrette.
Le billet trotte : on fait venir des gens
De toute guiſe, & des noirs, & des blancs,

Et des tannés. L'escadron, dit l'histoire,
Ne fut petit, ni comme l'on peut croire,
Lent à montrer de sa part le chemin.
Ils ne cedoient à pas une Nonain,
Dans le desir de faire que Madame
Ne fut honteuse, ou bien n'eût dans son ame
Tel récipé possible à contre cœur.
De ses brebis à peine la premiere
A fait le saut, qu'il suit une autre Sœur.
Une troisiéme entre dans la carriere;
Nulle ne veut demeurer en arriere;
Presse se met pour n'étre la derniere.
Que dirai plus? Enfin l'impression,
Qu'avoit l'Abbesse encontre ce remede,
Sage renduë à tant d'exemples cede.
Un Jouvenceau fait l'opération
Sur la malade. Elle redevient rose,
Oeillet, aurore, & si quelque autre chose
De plus riant se peut imaginer.
O doux remede, ô remede à donner!
Remede ami de mainte-créature;
Ami des gens, ami de la nature;
Ami de tout, point d'honneur excepté.
Point d'honneur est une autre maladie:
Dans ses écrits Madame faculté,
N'en parle point. Que de maux en la vie!

LES TROQUEURS.

LE changement de mets réjoüit l'homme :
Quand je dis l'homme, entendez qu'en ceci
La femme doit être comprife auffi :
Et ne fçais pas comme il ne vient de Rome
Permiffion de troquer en himen,
Non fi fouvent qu'on en auroit envie,
Mais tout au moins une fois en fa vie.
Peut-être un jour nous l'obtiendrons, Amen ;
Ainfi foit-il : femblable indult en France
Viendroit fort bien ; j'en réponds, car nos gens
Sont grands troqueurs. Dieu nous créa changeans.
Près de Roüen, pays de fapience,
Deux Villageois avoient chacun chez foi
Forte femelle, & d'affez bon aloi
Pour telles gens qui n'y raffinent guére :

Chacun fçait bien qu'il n'eſt pas néceſſaire
Qu'Amour les traite ainſi que des Prélats.
Avint pourtant que tous deux étant las
De leurs moitiés, leur voiſin le Notaire
Un jour de Fête avec eux chopinoit.
Un des Manans lui dit : Sire Oudinet,
J'ai dans l'eſprit une plaiſante affaire.
Vous avez fait ſans doute en votre tems
Pluſieurs Contrats de diverſe nature :
Ne peut-on point en faire un, où les gens
Troquent de femme, ainſi que de monture ?
Notre Paſteur a bien changé de Cure :
La femme eſt-elle un cas ſi different ?
Et pargué non ; car Meſſire Gregoire
Diſoit toujours, ſi j'ai bonne mémoire,
Mes brebis ſont ma femme : cependant
Il a changé : changeons auſſi, compere.
Très-volontiers, reprit l'autre Manant ;
Mais tu ſçais bien que notre ménagere
Eſt la plus belle : or ça, Sire Oudinet,
Sera-ce trop, s'il donne ſon mulet
Pour le retour ? Mon mulet ? & parguenne,
Dit le premier des Villageois ſuſdits,
Chacune vaut en ce monde ſon prix ;
La mienne ira but à but pour la tienne ;
On ne regarde aux femmes de ſi près :
Point de retour, vois-tu, compere Etienne,
Mon mulet, c'eſt.... C'eſt le roi des mulets.
Tu ne devrois me demander mon aſne
Tant ſeulement : troc pour troc, touche là.

Sire

Sire Oudinet raiſonnant ſur cela
Dit : il eſt vrai que Tiennette a ſur Jeanne
De l'avantage, à ce qu'il ſemble aux gens ;
Mais le meilleur de la béte à mon ſens
N'eſt ce qu'on voit : femmes ont maintes choſes
Que je préfere, & qui ſont lettres cloſes ;
Femmes auſſi trompent aſſez ſouvent ;
Jà ne les faut éplucher trop avant.
Or ſus, Voiſins, faiſons les choſes nettes.
Vous ne voulez chat en poche donner
Ni l'un ni l'autre : allons donc confronter
Vos deux moitiés, comme Dieu les a faïtes.
L'expédient fut approuvé de tous :
Trop bien voilà Meſſieurs les deux époux,
Qui ſur ce point triomphent de s'étendre.
Tiennette n'a ni ſurot, ni malandre,
Dit le ſecond. Jeanne, dit le premier,
A le corps net comme un petit denier ;
Ma foi c'eſt bâme. Et Tiennette eſt ambroiſe,
Dit ſon époux ; telle je la maintien.
L'autre reprit : compere tien toi bien ;
Tu ne connois Jeanne ma villageoiſe ;
Je t'avertis qu'à ce jeu.... m'entends-tu ?
L'autre Manant jura : par la vertu,
Tiennette & moi nous n'avons qu'une noiſe ;
C'eſt qui des deux y ſçait de meilleurs tours ;
Tu m'en diras quelques mots dans deux jours ;
A toi, compere ; & de prendre la taſſe,
Et de trinquer : allons, Sire Oudinet,

A Jeanne, top ; puis à Tiennette, maſſe
Somme qu'enfin la ſoute du Mulet
Fut accordée, & voilà marché fait.
Notre Notaire aſſura l'un & l'autre
Que tels traités alloient leur grand chemin
Sire Oudinet étoit un bon Apôtre,
Qui ſe fit bien payer ſon parchemin.
Par qui payer ? par Jeanne & par Tiennette ;
Il ne voulut rien prendre des maris.
Les Villageois furent tous deux d'avis
Que pour un tems la choſe fût ſecrette.
Mais il en vint au Curé quelque vent.
Il prit auſſi ſon droit ; je m'en aſſure,
Et n'y étois ; mais la verité pure
Eſt que Curés y manquent peu ſouvent.
Le Clerc non plus ne fit du ſien remiſe ;
Rien ne ſe perd entre les gens d'Egliſe.
Les Permuteurs ne pouvoient bonnement
Executer un pareil changement
Dans ce village, à moins que de ſcandale
Ainſi bien-tôt l'un & l'autre détale,
Et va planter le piquet en un lieu,
Où tout fut bien d'abord, moyennant Dieu.
C'étoit plaiſir que de les voir enſemble.
Les femmes même, à l'envi des maris,
S'entrediſoient en leurs menus devis :
Bon fait troquer, commere, à ton avis ?
Si nous troquions de valet ? que t'en ſemble ?
Ce dernier troc, s'il ſe fit, fut ſecret.

L'autre d'abord eut un très-bon effet.
Le premier mois très-bien ils s'en trouverent :
Mais à la fin nos gens se dégoûterent.
Compere Etienne, ainsi qu'on peut penser,
Fut le premier des deux à se lasser ;
Pleurant Tiennette : il y perdoit sans doute.
Compere Gille eut regret à sa soute.
Il ne voulut retroquer toutefois.
Qu'en avint-il ? Un jour parmi les bois
Etienne vit toute fine seulette
Près d'un ruisseau sa défunte Tiennette,
Qui par hazard dormoit sous la coudrette.
Il s'approcha l'éveillant en sursaut.
Elle du troc ne se souvint pour l'heure ;
Dont le galant sans plus longue demeure
En vint au point. Bref il firent le saut.
Le conte dit qu'il la trouva meilleure
Qu'au premier jour : pourquoi cela ? Pourquoi ?
Belle demande ! En l'amoureuse loi
Pain qu'on dérobe & qu'on mange en cachette,
Vaut mieux que pain qu'on cuit, ou qu'on achette,
Je m'en rapporte aux plus sçavans que moi.
Il faut pourtant que la chose soit vraye,
Et qu'après tout Himenée & l'Amour
Ne soient pas gens à cuire en même four :
Témoin l'ébat qu'on prit sous la coudraye,
On y fit chere, il ne s'y servit plat
Où maître Amour, cuisinier délicat,
Et plus friand que n'est maître Himenée,

N'eût mis la main. Tiennette retournée,
Compere Etienne homme neuf en ce fait
Dit à part foi : Gille a quelque fecret ;
J'ai retrouvé Tiennette plus jolie
Qu'elle ne fut onc en jour de fa vie.
Reprenons-là, faifons tour de Normand :
Dédifons-nous, ufons du privilege.
Voilà l'exploit qui trotte incontinent ,
Aux fins de voir le troc & changement
Déclaré nul, & caffé nettement.
Gille affigné de fon mieux fe défend.
Un Promoteur intervient pour le fiege
Epifcopal, & vendique le cas.
Grand bruit par tout ainfi que d'ordinaire :
Le Parlement évoque à foi l'affaire.
Sire Oudinet le faifeur de Contrats
Eft amené : l'on l'entend fur la chofe.
Voilà l'état où l'on dit qu'eft la caufe ;
Car c'eft un fait arrivé depuis peu.
Pauvre ignorant que le compere Etienne !
Contre fes fins cet homme en premier lieu
Va de droit fil ; car s'il prit à ce jeu
Quelque plaifir, c'eft qu'alors la chrétienne
N'étoit à lui : le bon fens voulut donc
Que pour toujours il la laiffât à Gille ;
Sauf la coudraye, où Tiennette, dit-on ,
Alloit fouvent en chantant fa chanfon :
L'y rencontrer étoit chofe facile ;
Et fuppofé que facile ne fût ,

Faloit qu'alors son plaisir d'autant crût.
Mais allez moi prêcher cette doctrine
A des manans : ceux-ci pourtant avoient
Fait un bon tour, & très-bien s'en trouvoient,
Sans le dédit ; c'étoit piece assez fine
Pour en devoir l'exemple à d'autres gens.
J'ai grand regret de n'en avoir les gans.

LE CAS DE CONSCIENCE.

L ES gens du pays des fables
 Donnent ordinairement
Noms & titres agréables
Affez liberalement ;
Cela ne leur coûte guére
Tout leur eft Nymphe ou Bergere ;
Et Déeffe bien fouvent :
Horace n'y faifoit faute ,
Si la fervante de l'hôte
Au lit de notre homme alloit ,
C'étoit auffi-tôt Ilie ,
C'étoit la Nymphe Egerie ,
C'étoit tout ce qu'on vouloit.
Dieu , par fa bonté profonde ,
Un beau jour mit dans le monde

Apollon fon ferviteur,
Et l'y mit juftement comme
Adam le nomenclateur.
Lui difant, te voilà, nomme.
Suivant cette antique loi
Nous fommes parrains du Roi.
De ce privilege infigne
Moi faifeur de vers indigne
Je pourrois ufer auffi
Dans les contes que voici,
Et s'il me plaifoit de dire,
Au lieu d'Anne, Sylvanire,
Et pour Meffire Thomas
Le grand Druide Adamas,
Me mettroit-on à l'amende ?
Non : mais tout confideré,
Le prefent conte demande
Qu'on dife Anne & le Curé.
Anne, puis qu'ainfi va, paffoit dans fon village
Pour la perle & le parangon.
Etant un jour près d'un rivage,
Elle vit un jeune garçon
Se baigner nud : La fillette étoit druë,
Honnéte toutefois. L'objet plut à fa vûe.
Nuls défauts ne pouvoient être au gars reprochés :
Puis dès auparavant aimé de la Bergere,
Quand il en auroit eu, l'amour les eût cachés.
Jamais tailleur n'en fçût mieux que lui la maniere.
Anne ne craignoit rien ; des faules la couvroient,
Comme eût fait une jaloufie :

Cà & là ſes regards en liberté couroient
    Où les portoit leur fantaiſie.
Cà & là, c'eſt-à-dire, aux differents attraits
    Du garçon au corps jeune & frais,
Blanc, poli, bien formé, de taille haute & droite;
    Digne enfin des regards d'Annette,
    D'abord une honte ſecrette
    La fit quatre pas reculer,
    L'amour huit autres avancer :
Le ſcrupule ſurvint, & penſa tout gâter.
    Anne avoit bonne conſcience :
Mais comment s'abſtenir ? eſt-il quelque défenſe
    Qui l'emporte ſur le deſir,
Quand le hazard fait naître un ſujet de plaiſir?
La Belle à celui-ci fit quelque réſiſtance.
    A la fin ne comprenant pas
    Comme on peut pécher de cent pas,
Elle s'aſſit ſur l'herbe; & très-fort attentive;
    Annette la contemplative
Regarda de ſon mieux. Quelqu'un n'a-t-il point vû
    Comme on deſſine ſur nature ?
    On vous campe une créature,
Une Eve, ou quelque Adam : j'entens un objet nû.
Puis force gens aſſis, comme notre Bergere,
Font un crayon conforme à cet original.
Au fond de ſa mémoire Anne en ſçut fort bien faire
    Un qui ne reſſembloit pas mal.
Elle y ſeroit encor, ſi Guillot (c'eſt le Sire)
Ne fût ſorti de l'eau. La Belle ſe retire,
A propos; l'ennemi n'étoit plus qu'à vingt pas,
Plus

Plus fort qu'à l'ordinaire, & ç'eût été grand cas
    Qu'après de semblables idées
    Amour en fût demeuré-là :
    Il contoit pour siennes déja
    Les faveurs qu'Anne avoit gardées.
Qui ne s'y fut trompé ? Plus je songe à cela,
Moins je le puis comprendre. Anne la scrupuleuse
N'osa, quoi qu'il en soit, le garçon régaler ;
Ne laissant pas pourtant de récapituler
Les points qui la rendoient encor toute honteuse,
Pâques vint, & ce fut un nouvel embarras.
Anne faisant passer ses péchés en revuë,
Comme un passevolant mit en un coin ce cas ;
    Mais la chose fut apperçûe.
    Le Curé Messire Thomas
Sçut relever le fait ; & comme on le peut croire,
En Confesseur exact il fit conter l'histoire,
Et circonstancier le tout fort amplement,
    Pour en connoître l'importance,
Puis faire aucunement quadrer la pénitence :
Chose où ne doit errer un Confesseur prudent.
    Celui-ci mal mena la Belle.
Etre dans ses regards à tel point sensuelle !
    C'est, dit-il, un très-grand peché.
Autant vaut l'avoir vû que de l'avoir touché.
    Cependant la peine imposée
    Fut à souffrir assez aisée.
Je n'en parlerai point ; seulement on sçaura
Que Messieurs les Curés en tous ces cantons-là
Ainsi qu'au nôtre, avoient des dévots & dévotes,

Qui pour l'examen de leurs fautes
Leur payoient un tribut ; qui plus, qui moins, felon
Que le compte à rendre étoit long.
Du tribut de cet an Anne étant foucieufe,
Arrive que Guillot péche un brochet fort grand,
Tout auffi-tôt le jeune amant
Le donne à fa maîtreffe ; elle toute joyeufe
Le va porter du même pas
Au Curé Meffire Thomas.
Il reçoit le prefent, il l'admire, & le drôle
D'un petit coup fur l'épaule
La fillette régala,
Lui foûrit, lui dit : voilà
Mon fait ; joignant à cela
D'autres petites affaires.
C'étoit jour de Calande, * & nombre de Confreres
Devoient dîner chez lui. Voulez-vous doublement
M'obliger ? dit-il, à la Belle ;
Accommodez chez-vous ce poiffon promptement,
Puis l'apportez incontinent ;
Ma fervante eft un peu nouvelle.
Anne court ; & voilà les Prêtres arrivés.
Grand bruit, grande cohuë, en cave on fe tranfporte,
Aucuns des vins font approuvés :
Chacun en raifonne à fa forte.

---

* C'eft un jour de chaque mois où tous les Curés du
Diocèfe s'affemblent, pour conférer enfemble fur des
matiéres de Religion, chez quelqu'un d'eux qui leur
donne à dîner.

On met fur table, & le Doyen
Prend place, en faluant toute la compagnie.
Raconter leurs propos feroit chofe infinie ;
    Puis le Lecteur s'en doute bien.
On permuta cent fois fans permuter pas une.
Santés, Dieu fçait combien : chacun à fa chacune
But en faifant de l'œil, nul fcandale : on fervit
Potage, menus mets, & même jufqu'au fruit
Sans que le brochet vint : tout le dîner s'acheve
Sans brochet; pas un brin. Guillot fçachant ce don
L'avoit fait retracter pour plus d'une raifon.
Legere de brochet la troupe enfin fe leve,
Qui fut bien étonné, qu'on le juge ; il alla
    Dire ceci, dire cela
    A Madame Anne le jour même ;
L'appella cent fois fotte, & dans fa rage extrême
Lui penfa reprocher l'avanture du bain.
Traiter votre Curé, dit-il, comme un coquin !
Pour qui nous prenez-vous? Pafteurs font-ce canailles?
    Alors par droit de reprefailles :
    Anne dit au Prêtre outragé,
Autant vaut l'avoir vû, que de l'avoir mangé.

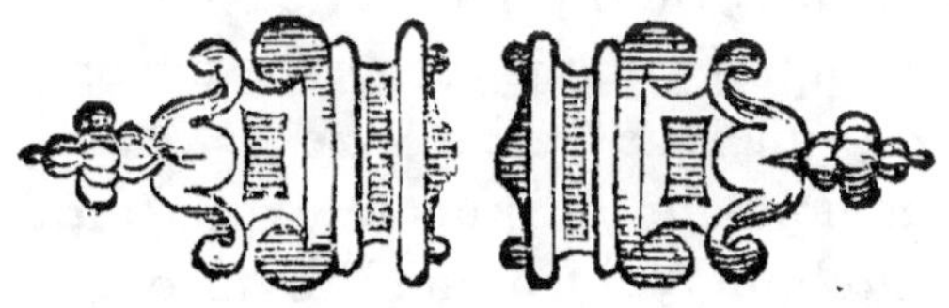

LE DIABLE

DE PAPEFIGUIERE,

MAITRE François dit que Papimanie
Est un Païs où les gens sont heureux.
Le vrai dormir ne fut fait que pour eux :
Nous n'en avons ici que la copie.
Et par Saint Jean, si Dieu me prête vie ;
Je le verrai ce Païs où l'on dort :
On y fait plus, on n'y fait nulle chose :
C'est un emploi, que je recherche encor.
Ajoûtez-y quelque petite doze
D'amour honnête, & puis me voilà fort.
Tout au rebours, il est une Province
Où les gens sont haïs, maudits de Dieu.
On les connoit à leur visage mince,

Le long dormir est exclus de ce lieu :
Partant, lecteurs, si quelqu'un se presente
A vos regards, ayant face riante,
Couleur vermeille, & visage replet,
Taille non pas de quelque mingrelet,
Dire pourrez, sans que l'on vous condamne :
Cettui me semble à le voir Papimane.
Si d'autre part celui que vous verrez
N'a l'œil riant, le corps rond, le teint frais
Sans hésiter qualifiez cet homme
Papefiguier. Papefigue se nomme
L'Isle & Province où les gens autrefois
Firent la figue au portrait du Saint Pere :
Punis en sont, rien chez eux ne prospere,
Ainsi nous l'a conté Maître François. *
L'Isle fut lors donnée en appanage,
A Lucifer, c'est sa maison des champs.
On voit courir par tout cet héritage
Ses commençaux, rudes à pauvres gens,
Peuple ayant queuë, ayant cornes & griffes,
Si maints tableaux ne sont point apocriphes.
Avint un jour qu'un de ces beaux Messieurs,
Vit un Manant rusé, des plus trompeurs,
Verser un champ dans l'Isle dessus dite.
Bien paroissoit la terre être maudite,
Car le Manant avec peine & sueur
La retournoit, & faisoit son labeur.
Survint un Diable, à titre de Seigneur.
Ce Diable étoit des gens de l'Evangile,

    * *Rabelais.*

Simple, ignorant, à tromper très-facile,
Bon Gentilhomme, & qui dans son courroux
N'avoit encor tonné que sur les choux :
Plus ne sçavoit apporter de dommage.
Vilain, dit-il, vaquer à nul ouvrage
N'est mon talent : je suis un Diable issu
De noble race, & qui n'a jamais sçû
Se tourmenter ainsi que font les autres.
Tu sçais, Vilain, que tous ces champs sont nôtres;
Ils sont à nous dévolus par l'édit
Qui mit jadis cette Isle en interdit.
Vous y vivez dessous notre police.
Partant, Vilain, je puis avec justice
M'attribuer tout le fruit de ce champ :
Mais je suis bon, & veux que dans un an
Nous partagions sans noise & sans querelle.
Quel grain veux-tu répandre dans ces lieux ?
Le Manant dit : Monseigneur, pour le mieux,
Je crois qu'il faut les couvrir de touzelle ;
Car c'est un grain qui vient fort aisément.
Je ne connois ce grain-là nullement,
Dit le Lutin ; comment dis-tu ? touzelle ?
Mémoire n'ai d'aucun grain qui s'appelle
De cette sorte : or emplis-en ce lieu :
Touzelle soit, touzelle de par Dieu ;
J'en suis content. Fais donc vîte, & travaille,
Manant travaille, & travaille Vilain ;
Travailler est le fait de la canaille ;
Ne t'attens pas que je t'aide un seul brin ;
Ni que par moi ton labeur se consomme ;

Je t'ai ja dit que j'étois Gentilhomme :
Né pour chommer, & pour ne rien fçavoir :
Voici comment ira notre partage.
Deux lots feront ; dont l'un, c'eſt à fçavoir :
Ce qui hors terre & deſſus l'héritage
Aura pouſſé, demeurera pour toi ;
L'autre dans terre eſt réſervé pour moi.

L'Oût arrivé, la touzelle eſt ſiée,
Et tout d'un tems ſa racine arrachée,
Pour ſatisfaire au lot du Diableteau.
Il y croyoit la ſemence attachée,
Et que l'épi non plus que le tuyau
N'étoit qu'une herbe inutile & ſechée.
Le Laboureur vous la ſerra très-bien.
L'autre au marché porta ſon chaume vendre :
On le hua, pas un n'en offrit rien :
Le pauvre Diable étoit prêt à ſe pendre.
Il s'en alla chez ſon compartageant :
Le drôle avoit la touzelle venduë,
Pour le plus ſûr, en gerbe & non battuë,
Ne manquant pas de bien cacher l'argent.
Bien le cacha, le Diable en fut la dupe.
Coquin, dit-il, tu m'as joüé d'un tour :
C'eſt ton métier : je ſuis Diable de Cour,
Qui comme vous à tromper ne m'occupe.
Quel grain veux-tu ſemer pour l'an prochain !
Le Manant dit : je crois qu'au lieu de grain
Planter me faut ou navets ou carottes,
Vous en aurez, Monſeigneur, pleines hottes ;

Si mieux n'aimez raves dans la saison.
Raves, navets, carottes, tout est bon,
Dit le Lutin ; mon lot sera hors terre ;
Le tien dedans. Je ne veux point de guerre
Avecque toi, si tu ne m'y contrains.
Je vais tenter quelques jeunes Nonains.
L'auteur ne dit ce que firent les Nones.
Le temps venu de recueillir encor,
Le Manant prend raves belles & bonnes,
Feuilles sans plus tombent pour tout tréfor
Au Diableteau, qui l'épaule chargée
Court au marché. Grande fut la risée :
Chacun lui dit son mot cette fois-là.
Monsieur le Diable, où croît cette denrée ?
Où mettrez-vous ce qu'on en donnera ?
Plein de courroux & vuide de pécune,
Leger d'argent & chargé de rancune,
Il va trouver le Manant, qui rioit
Avec sa femme, & se solacioit.
Ah ! par la mort, par la sang, par la tête,
Dit le Démon, il le paira parbieu.
Vous voici donc, Phlipot la bonne bête ;
Cà, ça, galons-le en enfant de bon lieu.
Mais il vaut mieux remettre la partie :
J'ai sur les bras une Dame jolie,
A qui je dois faire franchir le pas.
Elle le veut, & puis ne le veut pas.
L'Epoux n'aura dedans la confrerie
Si-tôt un pied, qu'à vous je reviendrai,
Maître Phlipot, & tant vous galerai

Que

Que ne joüerez ces tours de votre vie.
A coups de griffe il faut que nous voyons
Lequel aura de nous deux belle amie,
Et jouira du fruit de ces fillons.
Prendre pourrois d'autorité fuprème,
Touzelle & grain, champ & rave, enfin tout :
Mais je les veux avoir par le bon bout.
N'efperez plus ufer de ftratagème,
Dans huit jours d'hui je fuis à vous, Phlipot ;
Et touchez-là , ceci fera mon arme.
Le Villageois étourdi du vacarme
Au Farfadet ne put répondre un mot.
Perrette en rit ; c'étoit fa ménagere,
Bonne galande en toutes les façons,
Et qui fçut plus que garder les moutons,
Tant qu'elle fut en âge de Bergere.
Elle lui dit : Phlipot, ne pleure point :
Je veux d'ici renvoyer de tout point
Ce Diableteau : c'eft un jeune novice
Qui n'a rien vû. Je t'en tirerai hors :
Mon petit doigt fçauroit plus de malice ,
Si je voulois, que n'en fçait tout fon corps.
Le jour venu Phlipot , qui n'étoit brave,
Se va cacher, non point dans une cave,
Trop bien va-t-il fe plonger tout entier
Dans un profond & large benitier.
Aucun Démon n'eût fçu par où le prendre ,
Tant fut fubtil ; car d'Etoles , dit-on,
Il s'afubla le chef pour s'en défendre,
S'étant plongé dans l'eau jufqu'au menton.

Or laiſſons-le , il n'en viendra pas faute ;
Tout le Clergé chante autour à voix haute ,
Vade retro. Perrette cependant ,
Eſt au logis le Lutin attendant.
Le Lutin vient : Perrette échevelée
Sort & ſe plaint de Phlipot, en criant :
Ah le bourreau , le traître , le méchant ,
Il m'a perduë , il m'a toute affolée.
Au nom de Dieu , Monſeigneur , ſauvez-vous ,
A coups de griffe il m'a dit en courroux ,
Qu'il ſe devoit contre votre Excellence ,
Battre tantôt , & battre à toute outrance :
Pour s'éprouver le perfide m'a fait
Cette balafre. A ces mots au folet ,
Elle fait voir .... Et quoi ? choſe terrible.
Le Diable en eut une peur tant horrible ,
Qu'il ſe ſigna , penſa preſque tomber.
Onc n'avoit vu , ne lu , n'oüi conter ,
Que coups de griffe euſſent ſemblable forme.
Bref auſſi-tôt qu'il apperçut l'énorme
Solution de continuité ,
Il demeura ſi fort épouvanté ,
Qu'il prit la fuite & laiſſa là Perrette.
Tous les voiſins chommerent la défaite
De ce démon : le Clergé ne fut pas
Des plus tardifs à prendre part au cas.

FERONDE

OU

LE PURGATOIRE.

VERS le Levant le vieil de la Montagne
    Se rendit craint par un moyen nouveau.
Craint n'étoit-il pour l'immenſe campagne
Qu'il poſſedât, ni pour aucun monceau
D'or ou d'argent ; mais parce qu'au cerveau
De ſes ſujets il imprimoit des choſes
Qui de maint fait courageux étoient cauſes.
Il choiſiſſoit entr'eux les plus hardis ;
Et leur faiſoit donner du Paradis
Un avant-goût à leurs ſens perceptible,
Du Paradis de ſon Légiſlateur.
Rien n'en a dit ce Prophéte menteur,

S. ij

Qui ne devînt très-croyable & fenfible
A ces gens-là. Comment s'y prenoit-on?
On les failoit boire tous de façon,
Qu'ils s'enyvroient, perdoient fens & raifon.
En cet état, privés de connoiffance,
On les portoit en d'agréables lieux,
Ombrages frais, jardins déiicieux.
Là fe trouvoient tendrons en abondance,
Plus que maillés, & beaux par excellence:
Chaque réduit en avoit à couper.
Si fe venoient joliment attrouper
Près de ces gens, qui leur boiffon cuvée
S'émervei loient de voir cette couvée;
Et fe croyoient habitans devenus
Des champs heureux qu'affigne à fes élûs
Le faux Mahom. Lors de faire accointance,
Turcs d'approcher, tendrons d'entrer en danfe;
Au gazouillis des ruiffeaux de ces bois,
Au fon des luts accompagnant les voix
Des roffignols: il n'eft plaifir au monde
Qu'on ne goûtât dedans ce Paradis:
Les gens trouvoient en fon charmant pourpris
Les meilleurs vins de la machine ronde;
Dont ne manquoient encor de s'enyvrer,
Et de leurs fens perdre l'entier ufage.
On les failoit auffi-tôt reporter
Au premier lieu. De tout ce tripotage
Qu'arrivoit-il? ils croyoient fermement
Que quelque jour de femblables délices
Les attendoient, pourvû que hardiment,

Sans redouter la mort ni les suplices,
Ils fissent chose agréable à Mahom,
Servant leur Prince en toute occasion.
Par ce moyen leur Prince pouvoit dire
Qu'il avoit gens à sa dévotion
Déterminés, & qu'il n'étoit empire
Plus redouté que le sien ici bas.
Or ai-je été prolixe sur ce cas,
Pour confirmer l'histoire de Feronde.
Feronde étoit un sot de par le monde,
Riche Manant, ayant soin du tracas,
Dixmes, & cens, revenus, & ménage
D'un Abbé blanc. J'en sçais de ce plumage
Qui valent bien les noirs à mon avis,
En fait que d'être aux maris secourables,
Quand forte tâche ils ont en leur logis,
Si qu'il y faut Moines & gens capables.
Au lendemain celui-ci ne songeoit,
Et tout son fait dès la veille mangeoit,
Sans rien garder, non plus qu'un droit Apôtre ;
N'ayant autre œuvre, autre emploi, penser autre,
Que de chercher où gissoient les bons vins,
Les bons morceaux, & les bonnes commeres,
Sans oublier les gaillardes Nonains,
Dont il faisoit peu de part à ses freres.
Feronde avoit un joli chaperon
Dans son logis, femme sienne, & dit-on
Que Parentelle étoit entre la Dame
Et notre Abbé ; car son prédécesseur
Oncle & parrain, dont Dieu veuille avoir l'ame

En étoit pere, & la donna pour femme
A ce Manant, qui tint à grand honneur
De l'époufer. Chacun fçait que de race
Communement fille bâtarde chaffe
Celle-ci donc ne fit mentir le mot.
Si n'étoit pas l'époux homme fi fot,
Qu'il n'en eût doute, & ne vît en l'affaire
Un peu plus clair qu'il n'étoit néceffaire.
Sa femme alloit toujours chez le Prélat ;
Et prétextoit fes allées & venuës
Des foins divers de cet œconomat.
Elle alléguoit mille affaires menuës.
C'étoit un compte, ou c'étoit un achat ;
C'étoit un rien ; tant peu plaignoit fa peine.
Bref il n'étoit nul jour en la femaine,
Nulle heure au jour, qu'on ne vît en ce lieu
La Receveufe. Alors le Pere en Dieu
Ne manquoit pas d'écarter tout fon monde :
Mais le mari, qui fe doutoit du tour,
Rompoit les chiens, ne manquant au retour
D'impofer mains fur Madame Feronde.
Onc il ne fut un moins commode époux.
Efprits ruraux volontiers font jaloux,
Et fur ce point à chauffer difficiles,
N'étant pas faits aux coûtumes des villes.
Monfieur l'Abbé trouvoit cela bien dur,
Comme prélat qu'il étoit ; partant homme,
Fuyant la peine, aimant le plaifir pur,
Ainfi que fait tout bon fuppôt de Rome.
Ce n'eft mon goût, je ne veux de plein faut

Prendre la ville, aimant mieux l'efcalade ;
En amour dà, non en guerre ; il ne faut
Prendre ceci pour guerriére bravade,
Ni m'enrôler là-deffus malgré moi.
Que l'autre ufage ait la raifon pour foi,
Je m'en rapporte, & reviens à l'hiftoire
Du Receveur qu'on mit en Purgatoire
Pour le guérir, & voici comme quoi.
Par le moyen d'une poudre endormante
L'Abbé le plonge en un très-long fommeil.
On le croit mort, on l'enterre, l'on chante :
Il eft furpris de voir à fon réveil
Autour de lui gens d'étrange maniere :
Car il étoit au large dans fa biére,
Et fe pouvoit lever de ce tombeau,
Qui conduifoit en un profond caveau.
D'abord la peur fe faifit de notre homme.
Qu'eft-ce cela ? fonge-t-il ? eft-il mort ?
Seroit-ce point quelque efpece de fort ?
Puis il demande aux gens comme on les nomme,
Ce qu'ils font-là, d'où vient que dans ce lieu
L'on le retient, & qu'a-t-il fait à Dieu ?
L'un d'eux lui dit : confole-toi, Feronde,
Tu te verras citoyen du haut monde
Dans mille ans d'hui complets & bien comptés.
Auparavant il faut d'aucuns pechés
Te nettoyer en ce faint Purgatoire.
Ton ame un jour plus blanche que l'yvoire
En fortira. L'Ange confolateur
Donne à ces mots au pauvre Receveur

Huit ou dix coups de forte difcipline,
En lui difant ; c'eft ton humeur mutine,
Et trop jaloufe, & déplaifante à Dieu,
Qui te retient pour mille ans en ce lieu.
Le Receveur s'étant frotté l'épaule
Fait un foûpir : mille ans, c'eft bien du temps !
Vous noterez que l'Ange étoit un drôle,
Un frere Jean Novice de léans.
Ses compagnons joüoient chacun un rôle
Pareil au fien deffous un feint habit.
Le Receveur requiert pardon, & dit ;
Las fi jamais je rentre dans la vie,
Jamais foupçon, ombrage & jaloufie
Ne rentreront dans mon maudit efprit.
Pourrois-je point obtenir cette grace ?
On la lui fait efperer ; non fi-tôt :
Force eft qu'un an dans ce féjour fe paffe ;
Là cependant il aura ce qu'il faut
Pour fubftenter fon corps ; rien davantage ;
Quelque grabat, du pain pour tout potage,
Vingt coups de foüet chaque jour, fi l'Abbé,
Comme Prélat rempli de charité,
N'obtient du Ciel qu'au moins on lui remette
Non le total des coups, mais quelque quart,
Voire moitié, voire la plus grand'part.
Douter ne faut qu'il ne s'en entremette,
A ce fujet difant mainte oraifon.
L'Ange en après lui fait un long fermon.
A tort, dit-il, tu conçûs du foupçon.
Les gens d'Eglife ont-ils de ces penfées!

Un

Un Abbé blanc ! c'eſt trop d'ombrage avoir ;
Il n'écherroit que dix coups pour un noir.
Défaits-toi donc de tes erreurs paſſées.
Il s'y réſout. Qu'eût-il fait ? cependant
Sire Prélat & Madame Feronde
Ne laiſſent perdre un ſeul petit moment.
Le mari dit : que fait ma femme au monde ?
Ce qu'elle y fait ? tout bien : notre Prélat
L'a conſolée , & ton économât
S'en va ſon train ; toujours à l'ordinaire.
Dans le Couvent toujours a-t-elle affaire ?
Où donc ? il faut qu'ayant ſeule à preſent
Le faix entier ſur ſoi , la pauvre femme ,
Bon gré malgré léans aille ſouvent ,
Et plus encor que pendant ton vivant.
Un tel diſcours ne plaiſoit point à l'ame,
Ame j'ai crû le devoir appeller ,
Ses pourvoyeurs ne le faiſant manger
Ainſi qu'un corps. Un mois à cette épreuve
Se paſſe entier , lui jeûnant , & l'Abbé
Multipliant œuvres de charité ,
Et mettant peine à conſoler la veuve.
Tenez pour ſûr qu'il y fit de ſon mieux,
Son ſoin ne fut long-tems infructueux :
Pas ne ſemoit en une terre ingrate
Pater Abbas. Avec juſte ſujet ,
Apprehenda d'étre pere en effet.
Comme il n'eſt bon que telle choſe éclate ;
Et que le fait ne puiſſe être nié ,
Tant & tant fut par ſa paternité

Dit d'Oraiſons, qu'on vit du Purgatoire
L'ame ſortir, legere, & n'ayant pas
Once de chair. Un ſi merveilleux cas
Surprit les gens. Beaucoup ne vouloient croire
Ce qu'ils voyoient. L'Abbé paſſa pour Saint.
L'époux pour ſien le fruit poſthume tint,
Sans autrement de calcul oſer faire ?
Double miracle étoit en cette affaire,
Et la groſſeſſe, & le retour du mort.
On en chanta *Te Deum* à renfort.
Stérilité régnoit en mariage
Pendant cet an, & même au voiſinage
De l'Abbaye, encor bien que léans
On ſe vouât pour obtenir enfans,
A tant laiſſons l'éconôme & ſa femme,
Et ne ſoit dit que nous autres époux
Nous méritions ce qu'on fit à cette ame,
Pour la guérir de ſes ſoupçons jaloux.

LE PSAUTIER.

NONES, fouffrez pour la derniere fois
Qu'en ce Recueil malgré moi je vous place.
De vos bons tours les contes ne font froids.
Leur avanture a ne fçais quelle grace
Qui n'eft ailleurs : ils emportent les voix.
Encore un donc, & puis c'en feront trois.
Trois : je faux d'un ; c'en feront au moins quatre.
Comptons-les bien. Mazet le Compagnon ;
L'Abbeffe ayant befoin d'un bon garçon
Pour la guérir d'un mal opiniâtre ;
Ce conte-ci qui n'eft le moins fripon ;
Quant à Sœur Jeanne ayant fait un poupon,
Je ne tiens pas qu'il le faille rabattre.
Les voilà tous : quatre c'eft compte rond.
Vous me direz ; c'eft une étrange affaire,

T ij

Que nous ayons tant de part en ceci.
Que voulez-vous ? je n'y sçaurois que faire ;
Ce n'est pas moi qui le souhaite ainsi.
Si vous teniez toujours votre Breviaire,
Vous n'auriez rien à déméler ici.
Mais ce n'est pas votre plus grand souci.
Passons donc vîte à la présente histoire.
Dans un Couvent de Nones fréquentoit
Un jouvenceau friand, comme on peut croire,
De ses oiseaux. Telle pourtant prenoit
Goût à le voir, & des yeux le couvoit,
Lui soûrioit, faisoit la complaisante,
Et se disoit sa très-humble servante,
Qui pour cela d'un seul point n'avançoit.
Le conte dit que léans il n'étoit
Vieille ni jeune, à qui le personnage
Ne fît songer quelque chose à par soi.
Soûpirs trottoient ; bien voyoit le pourquoi,
Sans qu'il s'en mît en peine davantage.
Sœur Isabeau seule pour son usage
Eut le galant : elle le méritoit :
Douce d'humeur, gentille de corsage.
Et n'en étant qu'à son apprentissage,
Belle de plus. Ainsi l'on l'envioit
Pour deux raisons ; son amant, & ses charmes.
Dans ses amours chacune l'épioit ;
Nul bien sans mal, nul plaisir sans allarmes.
Tant & si bien l'épierent les sœurs,
Qu'une nuit sombre, & propre à ces douceurs
Dont on confie aux ombres le mystere,

En fa cellule on oüit certains mots,
Certaine voix, enfin certains propos,
Qui n'étoient pas fans doute en fon Breviaire.
C'eft le galant, fe dit-on, il eft pris.
Et de courir, l'allarme eft aux efprits ;
L'effaim frémit, fentinelle fe pofe.
On va conter en triomphe la chofe
A Mere Abbeffe ; & heurtant à grands coups ,
On lui cria : Madame, levez-vous :
Sœur Ifabelle a dans fa chambre un homme.
Vous noterez que Madame n'étoit
En oraifon, ni ne prenoit fon fomme :
Trop bien alors dans fon lit elle avoit
Meffire Jean, Curé du voifinage.
Pour ne donner aux fœurs aucun ombrage,
Elle fe leve, en hâte, étourdiment,
Cherche fon voile, & malheureufement
Deffous fa main tombe du perfonnage
Le haut-de-chauffe, affez bien reffemblant,
Pendant la nuit quand on n'eft éclairée,
A certain voile aux Nones familier,
Nommé pour lors entr'elles le Pfautier.
La voilà donc de grégues affublée.
Ayant fur foi ce nouveau couvre-chef,
Et s'étant fait raconter derechef
Tout le catus, elle fit l'irritée :
Voyez un peu la petite effrontée,
Fille du diable, & qui nous gâtera
Notre Couvent : fi Dieu plaît, ne fera :
S'il plaît à Dieu bon ordre s'y mettra ;

Vous la verrez tantôt bien chapitrée.
Chapitre donc, puisque chapitre y a,
Fut assemblé. Mere Abbesse entourée
De son Senat fait venir Isabeau,
Qui s'arrosoit de pleurs tout le visage,
Se souvenant qu'un maudit jouvenceau
Venoit d'en faire un different usage.
Quoi, dit l'Abbesse, un homme dans ce lieu !
Un tel scandale en la maison de Dieu !
N'êtes-vous point morte de honte encore ?
Qui nous a fait recevoir parmi nous
Cette voirie ? Isabeau, sçavez-vous
(Car desormais qu'ici l'on vous honore
Du nom de Sœur, ne le prétendez pas)
Sçavez vous, dis-je, à quoi dans un tel cas
Notre institut condamne une méchante ?
Vous l'apprendrez devant qu'il soit demain.
Parlez, parlez. Lors la pauvre Nonain,
Qui jusques-là confuse & repentante
N'osoit branler, & la vûë abbaissoit,
Leve les yeux ; par bonheur apperçoit,
Le haut-de-chausse, à quoi toute la bande,
Par un effet d'émotion trop grande,
N'avoit pris garde, ainsi qu'on voit souvent.
Ce fut hazard qu'Isabelle à l'instant
S'en apperçût. Aussi-tôt la pauvrette,
Reprend courage, & dit tout doucement :
Votre Psautier a ne sçais quoi qui pend
Raccommodez-le. Or c'étoit l'éguillette.
Assez souvent pour bouton l'on s'en sert.

D'ailleurs ce voile avoit beaucoup de l'air
D'un haut-de-chauffe : & la jeune Nonette
Ayant l'idée encor fraîche des deux,
Ne s'y méprit : Non pas que le Meffire
Eût chauffe faite ainfi qu'un amoureux,
Mais à peu près ; cela devoit fuffire.
L'Abbeffe dit ; elle ofe encore rire !
Quelle infolence ! un peché fi honteux
Ne la rend pas plus humble & plus foûmife !
Veut-elle point que l'on la canonife ?
Laiffez mon voile, efprit de Lucifer.
Songez, fongez, petit tifon d'enfer,
Comme on pourra raccommoder votre ame.
Pas ne finit Mere Abbeffe fa game,
Sans fermonner & tempêter beaucoup.
Sœur Ifabeau lui dit encore un coup :
Raccommodez votre Pfautier, Madame.
Tout le troupeau fe met à regarder.
Jeunes de rire, & vieilles de gronder.
La voix manquant à notre fermonneufe,
Qui de fon troc bien fâchée & honteufe,
N'eut pas le mot à dire en ce moment,
L'effaim fit voir par fon bourdonnement
Combien rouloient de diverfes penfées
Dans les efprits. Enfin l'Abbeffe dit :
Devant qu'on eût tant de voix ramaffées,
Il feroit tard. Que chacune en fon lit
S'aille remettre. A demain toute chofe.
Le lendemain ne fut tenu, pour caufe,
Aucun chapitre ; & le jour enfuivant

Tout aussi peu. Les sages du Couvent
Furent d'avis que l'on se devoit taire ;
Car trop d'éclat eût pû nuire au troupeau.
On n'en vouloit à la pauvre Isabeau,
Que par envie. Ainsi n'ayant pû faire,
Qu'elle lachât aux autres le morceau,
Chaque Nonain, faute de jouvenceau,
Songe à pourvoir d'ailleurs à son affaire.
Les vieux amis reviennent de plus beau :
Par préciput à notre belle on laisse
Le jeune fils, le Pasteur à l'Abbesse.
Et l'union alla jusques au point,
Qu'on en prétoit à qui n'en avoit point.

LE ROI CANDAULE,

ET

LE MAITRE EN DROIT.

FORCE gens ont été l'inftrument de leur mal:
    Candaule en eft un témoignage.
Ce Roi fut en fottife un très-grand perfonnage,
    Il fit pour Gyges fon vaffal
Une galanterie imprudente & peu fage.
Vous voyez, lui dit-il, le vifage charmant
Et les traits délicats dont la Reine eft pourvûë :
Je vous jure ma foi que l'accompagnement
Eft d'un tout autre prix, & paffe infiniment.
    Ce n'eft rien qui ne l'a vûë
        Toute nuë.

Tome II.   V

Je vous la veux montrer, fans qu'elle en fçache rien;
  Car j'en fçais un très-bon moyen :
Mais à condition ; vous m'entendez fort bien,
  Sans que j'en dife davantage ;
  Gyges, il vous faut être fage.
  Point de ridicule defir.
  Je ne prendrois pas de plaifir
Aux vœux impertinens, qu'une amour fotte & vaine
  Vous feroit faire pour la Reine.
Propofez-vous de voir tout ce corps fi charmant,
  Comme un beau marbre feulement.
Je veux que vous difiez que l'art, que la penfée,
Que même le fouhait ne peut aller plus loin.
  Dedans le bain je l'ai laiffée :
Vous êtes connoiffeur, venez être témoin
  De ma félicité fuprême.
Ils vont. Gyges admire. Admirer c'eft trop peu.
  Son étonnement eft extrême,
  Ce doux objet joüa fon jeu.
Gyges en fut émû, quelque effort qu'il pût faire.
  Il auroit voulu fe taire ,
Et ne point témoigner ce qu'il avoit fenti :
Mais fon filence eût fait foupçonner du myftere.
L'exageration fut le meilleur parti.
  Il s'en tient donc pour averti ;
Et fans faire le fin, le froid, ni le modefte,
Chaque point, chaque article, eut fon fait, fut loüé.
Dieux, difoit-il au Roi, quelle félicité !
Le beau corps ! le beau cuir ! ô Ciel ! & tout le refte.
  De çe gaillard entretien

La Reine n'entendit rien ;
Elle l'eût pris pour outrage :
Car en ce siécle ignorant
Le beau sexe étoit sauvage ;
Il ne l'est plus maintenant,
Et des louanges pareilles
De nos Dames d'à present
N'écorchent point les oreilles.

Notre examinateur soûpiroit dans sa peau.
L'émotion croissoit, tant tout lui sembloit beau.
Le Prince s'en doutant, l'emmena ; mais son ame
Emporta cent traits de flame.
Chaque endroit lança le sien.
Hélas ! fuir n'y sert de rien :
Tourmens d'amour font si bien
Qu'il font toujours de la suite.

Près du Prince, Gyges eut assez de conduite ;
Mais de sa passion la Reine s'aperçut :
Elle sçut
L'origine du mal : le Roi prétendant rire
S'avisa de lui tout dire.
Ignorant ! sçavoit-il point
Qu'une Reine sur ce point
N'ose entendre raillerie ?
Et supposé qu'en son cœur
Cela lui plaise, elle rie,
Il lui faut pour son honneur
Contrefaire la furie.
Celle-ci la fut vraiment,
Et réserva dans soi-même,

V ij

De quelque vengeance extrême
Le defir très-véhément.
Je voudrois pour un moment,
Lecteur, que tu fuffes femme :
Tu ne fçaurois autrement
Concevoir, jufqu'où la Dame
Porta fon fecret dépit.
Un mortel eut le crédit
De voir de fi belles chofes,
A tous mortels lettres clofes !
Tels dons étoient pour des Dieux,
Pour des Rois, voulois-je dire,
L'un & l'autre y vient de cire ;
Je ne fçais quel eft le mieux.

Ces penfers incitoient la Reine à la vengeance,
Honte, dépit, courroux, fon cœur employa tout.
Amour même, dit-on, fut de l'intelligence :
Dequoi ne vient-il point à bout ?
Gyges étoit bien fait ; on l'excufa fans peine :
Sur le montreur d'appas tomba toute la haine.
Il étoit mari : c'eft fon mal ;
Et les gens de ce caractere
Ne fçauroient en aucune affaire
Commettre de peché, qui ne foit capital.
Qu'eft-il befoin d'ufer d'un plus ample prologue ?
Voilà le Roi haï, voilà Gyges aimé,
Voilà tout fait & tout formé
Un époux du grand catalogue :
Dignité peu briguée, & qui fleurit pourtant.
La fottife du Prince étoit d'un tel mérite,

Qu'il fut fait *in petto* confrere de Vulcan ;
De-là jufqu'au bonnet la diftance eft petite.
Cela n'étoit que bien ; mais la Parque maudite
Fut auffi de l'intrigue ; & fans perdre de tems
  Le pauvre Roi par nos Amans
  Fut député vers le Cocite.
  On le fit trop boire d'un coup :
  Quelquefois hélas ! c'eft beaucoup.
  Bien-tôt un certain breuvage
  Lui fit voir le noir rivage,
  Tandis qu'aux yeux de Gyges
  S'étaloient de blancs objets :
  Car fût-ce amour, fût-ce rage,
  Bien-tôt la Reine le mit
  Sur le Trône & dans fon lit.

Mon deffein n'étoit pas d'étendre cette hiftoire :
On la fçavoit affez ; mais je me fçais bon gré ;
  Car l'exemple a très-bien quadré :
Mon texte y va tout droit : même j'ai peine à croire
Que le Docteur en Loix dont je vais difcourir,
Puiffe mieux que Candaule à mon but concourir.
Rome pour ce coup-ci me fournira la Scene.
Rome, non celle-là que les mœurs du vieux tems
Rendoient trifte, fevere, incommode aux galants,
  Et de fottes femelles pleine ;
Mais Rome d'aujourd'hui, féjour charmant & beau,
  Où l'on fuit un train plus nouveau.
  Le plaifir eft la feule affaire,
  Dont fe piquent fes habitans.

Qui n'auroit que vingt ou trente ans,
Ce feroit un voyage à faire.
Rome donc eut n'a guere un maître dans cet art
Qui du tien & du mien tire fon origine ;
Homme qui hors de là faifoit le goguenard ;
Tout paffoit par fon étamine :
Aux dépens du tiers & du quart
Il fe divertiffoit. Avint que le Légifte,
Parmi fes écoliers, dont il avoit toujours
Longue lifte,
Eut un François moins propre à faire en Droit un cours
Qu'en Amours
Le Docteur un beau jour le voyant fombre & trifte ;
Lui dit : notre fea , vous voilà de relais ;
Car vous avez la mine, étant hors de l'école,
De ne lire jamais
Bartole.
Que ne vous pouffez-vous ? un François être ainfi
Sans intrigue & fans amourettes !
Vous avez des talens , nous avons des coquettes ;
Non pas pour une , Dieu merci.
L'étudiant reprit : je fuis nouveau dans Rome.
Et puis , hors les beautés qui font plaifir aux gens
Pour la fomme ,
Je ne vois pas que les galans
Trouvent ici beaucoup à faire.
Toute maifon eft Monaftere :
Double porte, verroux , une Matrône auftere ,
Un Mari , des Argus. Qu'irai-je , à votre avis ,
Chercher en de pareils logis ?

Prendre la Lune aux dents, feroit moins difficile.
Ha, ha, la Lune aux dents, repartit le Docteur ;
Vous nous faites beaucoup d'honneur.
J'ai pitié de gens neufs comme vous ; notre ville
Ne vous eft pas connuë, autant que je puis voir.
     Vous croyez donc qu'il faille avoir
Beaucoup de peine à Rome en fait que d'avantures ?
Sçachez que nous avons ici des créatures,
     Qui feront leurs maris cocus
     Sous la mouftache des Argus.
     La chofe eft chez nous très-commune :
Témoignez feulement que vous cherchez fortune.
Placez-vous dans l'Eglife auprès du bénitier.
Prefentez fur le doigt aux Dames l'eau facrée :
     C'eft d'amourettes les prier.
Si l'air du Suppliant à quelque Dame agrée,
     Celle-là fçachant fon métier,
     Vous envoira faire un meffage.
Vous ferez déterré, logeaffiez-vous en lieu
     Qui ne fut connu que de Dieu.
Une vieille viendra, qui faite au badinage
Vous fçaura ménager un fecret entretien.
     Ne vous embaraffez de rien :
De rien ? c'eft un peu trop ; j'excepte quelque chofe ?
Il eft bon de vous dire en paffant, notre ami,
Qu'à Rome il faut agir en galant & demi.
En France on peut conter des fleurettes, l'on caufe:
Ici tous les momens font chers & précieux.
Romaines vont au but. L'autre reprit : tant mieux
     Sans être Gafcon, je puis dire

Que je fuis un merveilleux Sire.
Peut-être ne l'étoit-il point ;
Tout homme eft Gafcon fur ce point.
Les avis du Docteur furent bons. Le jeune homme
Se campe en une Eglife, où venoit tous les jours
La fleur & l'élite de Rome,
Des Graces, des Venus, avec un grand concours
D'Amours.
C'eft-à-dire en chrétien, beaucoup d'anges fémelles.
Sous leur voile brilloient des yeux pleins d'étincelles.
Benitier, le lieu faint n'étoit pas fans cela.   (là ;
Notre homme en choifit un, chanceux pour ce point-
A chaque objet qui paffe adoucit fes prunelles :
Révérences, le drôle en faifoit des plus belles,
Des plus dévotes : cependant
Il offroit l'eau luftrale. Un Ange entre les autres
En prit de bonne grace. Alors l'Etudiant
Dit en fon cœur : elle eft des nôtres.
Il retourne au logis : Vieille vient ; rendez-vous.
D'en conter le détail, vous vous en doutez tous.
Il s'y fit nombre de folies.
La Dame étoit des plus jolies,
Le paffe-tems fut des plus doux.
Il le conte au Docteur. Difcretion Françoife
Eft chofe outre nature, & d'un trop grand effort.
Diffimuler un tel tranfport,
Cela fent fon humeur bourgeoife.
Du fruit de fes confeils le Docteur s'applaudit ;
Rit en Jurifconfulte, & des maris fe raille.
Pauvres gens, qui n'ont pas l'efprit

De

De garder du loup leur oüaille !
Un Berger en a cent ; des hommes ne sçauront
   Garder la seule qu'ils auront !
Bien lui sembloit ce soin chose un peu mal-aisée ;
Mais non pas impossible ; & sans qu'il eût cent yeux
   Il défioit, graces aux Cieux,
   Sa femme, encor que très-rusée.
   A ce discours, ami Lecteur,
Vous ne croiriez jamais, sans avoir quelque honte
   Que l'Heroïne de ce conte
   Fut propre femme du Docteur.
Elle l'étoit pourtant. Le pis est que mon homme
En s'informant de tout, & des si & des cas,
Et comme elle étoit faite, & quels secrets appas,
   Vit que c'étoit sa femme en somme.
Un seul point l'arrêtoit : c'étoit certain talent
Qu'avoit en sa moitié trouvé l'Etudiant,
Et que pour le mari n'avoit pas la Donzelle.
   A ce signe ce n'est pas elle,
   Disoit en soi le pauvre époux.
   Mais les autres points y sont tous ;
C'est elle. Mais ma femme au logis est rêveuse ;
   Et celle-ci paroît causeuse,
   Et d'un agréable entretien :
   Assurément c'en est une autre.
   Mais du reste il n'y manque rien,
Taille, visage, traits, même poil ; c'est la nôtre.
   Après avoir bien dit tout bas,
   C'est elle, & puis ce ne l'est pas,
Force fut qu'au premier en demeurât le Sire.

Tome II.   **X**

Je laisse à penser son courroux,
Sa fureur, afin de mieux dire.
Vous vous êtes donnés un second rendez-vous?
  Poursuivit-il. Oüi, reprit notre Apôtre;
Elle & moi n'avons eu garde de l'oublier,
  Nous trouvant trop bien du premier,
  Pour n'en pas ménager un autre,
Très-résolus tous deux de ne nous rien devoir.
La résolution, dit le Docteur, est belle;
Je sçaurois volontiers quelle est cette Donzelle.
L'Ecolier repartit : Je ne l'ai pû sçavoir.
Mais qu'importe, il suffit que je sois content d'elle.
  Dès à présent je vous répons
Que l'époux de la Dame a toutes ses façons;
Si quelqu'une manquoit, nous la lui donnerons
Demain en tel endroit, à telle heure, sans faute.
  On doit m'attendre entre deux draps,
Champ de bataille propre à de pareils combats.
Le rendez-vous n'est point dans une chambre haute;
  Le logis est propre & paré.
On m'a fait à l'abord traverser un passage;
  Où jamais le jour n'est entré;
Mais aussi-tôt après la Vieille du message
M'a conduit en des lieux, où loge en bonne foi
  Tout ce qu'amour a de délices;
  On peut s'en rapporter à moi.
A ce discours jugez quels étoient les supplices
Qu'enduroit le Docteur. Il forme le dessein
  De s'en aller le lendemain
Au lieu de l'Ecolier, & sous ce personnage

Convaincre fa moitié, lui faire un vaffelage,
    Dont il fût à jamais parlé.
    N'en déplaife au nouveau confrere,
    Il n'étoit pas bien confeillé :
    Mieux valoit pour le coup fe taire :
    Sauf d'apporter en tems & lieu
    Remede au cas, moyennant Dieu.
Quand les époufes font un récipiendaire
    Au benoît état de cocu,
S'il en peut fortir franc, c'eft à lui beaucoup faire;
    Mais quand il eft déja reçu,
Une façon de plus ne fait rien à l'affaire.
Le Docteur raifonna d'autre forte, & fit tant
Qu'il ne fit rien qui vaille. Il crut qu'en prévenant
    Son Parrein en cocuage,
    Il feroit tour d'homme fage;
    Son Parrein, cela s'entend :
    Pourvu que fous ce galant
    Il eût fait apprentiffage;
Chofe, dont à bon droit le Lecteur peut douter.
Quoiqu'il en foit, l'Epoux ne manque pas d'aller
    Au logis de l'Avanture,
    Croyant que l'allée obfcure,
Son filence, & le foin de fe cacher le nez,
Sans qu'il fût reconnu, le feroient introduire
    En ces lieux fi fortunés.
Mais par malheur la Vieille avoit pour fe conduire
Une lanterne fourde, & plus fine cent fois
    Que le plus fin Docteur en Loix,
Elle reconnut l'homme, & fans être furprife

X ij

Elle lui dit, attendez-là ;
Je vais trouver Madame Elife.
Il la faut avertir ; je n'ofe fans cela
Vous mener dans fa chambre: & puis vous devez être
En autre habit pour l'aller voir :
C'eft-à-dire en un mot qu'il n'en faut point avoir.
Madame attend au lit. A ces mots notre Maître,
Pouffé dans quelque bouge, y voit d'abord paroître
Tout un deshabillé ; des mules, un peignoir,
Bonnet, robe de chambre, avec chemife d'homme :
Parfums fur la toillette, & des meilleurs de Rome :
Le tout propre, arrangé, de même qu'on eût fait
Si l'on eût attendu le Cardinal Préfet.
Le Docteur fe dépouille, & cette Gouvernante
Revient, & par la main le conduit en des lieux,
Où notre homme privé de l'ufage des yeux
Va d'une façon chancelante.
Après ces détours ténébreux,
La Vieille ouvre une porte, & vous pouffe le Sire
En un fort mal plaifant endroit,
Quoique ce fût fon propre Empire ;
C'étoit en l'École de Droit.
En l'Ecole de Droit ! Là même, le pauvre homme
Honteux, furpris, confus, non fans quelque raifon,
Penfa tomber en pâmoifon.
Le conte en courut par tout Rome.
Les Ecoliers alors attendoient leur Régent ;
Cela feul acheva fa mauvaife fortune.
Grand éclat de rifée, & grand chuchillement,
Univerfel étonnement.

Eſt-il fou ? Qu'eſt-ce là ? Vient-il de voir quelqu'une?
Ce ne fut pas le tout : ſa femme ſe plaignit.
Procès. La Parenté ſe joint en cauſe, & dit,
Que du Docteur venoit tout le mauvais ménage ;
Que cet homme étoit fou, que ſa femme étoit ſage.
 On fit caſſer le mariage ,
 Et puis la Dame ſe rendit
 Belle & bonne Religieuſe
 A Saint Croiſſant en Vavoureuſe :
 Un Prélat lui donna l'habit.

LE DIABLE EN ENFER.

QUI craint d'aimer, a tort, selon mon sens;
S'il ne fuit pas, dès qu'il voit une Belle;
Je vous connois, objets doux & puissans,
Plus ne m'irai brûler à la chandelle.
Une vertu sort de vous, ne sçais quelle,
Qui dans le cœur s'introduit par les yeux :
Ce qu'elle y fait, besoin n'est de le dire.
On meurt d'amour; on languit; on soupire :
Pas ne tiendroit aux gens qu'on ne fît mieux;
A tels périls ne faut qu'on s'abandonne.
J'en vais donner pour preuve une personne,
Dont la beauté fit trébucher Rustic.
Il en avint un fort plaisant trafic :
Plaisant fut-il, au peché près, sans faute;
Car pour ce point, je l'excepte & je l'ôte,

Et ne fuis pas du goût de celle-là,
Qui buvant frais (ce fut, je penfe, à Rome)
Difoit, que n'eft-ce un peché que cela ?
Je la condamne, & veux prouver en fomme
Qu'il fait bon craindre encor que l'on foit Saint:
Rien n'eft plus vrai. Si Ruftic avoit craint,
Il n'auroit pas retenu cette fille,
Qui jeune & fimple, & pourtant très-gentille;
Jufques au vif vous l'eut bien-tôt atteint.
Alibech fut fon nom, fi j'ai mémoire;
Fille un peu neuve, à ce que dit l'hiftoire.
Lifant un jour, comme quoi certains Saints,
Pour mieux vaquer à leurs pieux deffeins,
Se féqueftroient, vivoient comme des Anges,
Qui çà, qui là, portant toujours leurs pas
En lieux cachés; chofes, qui bien qu'étranges,
Pour Alibech avoient quelques appas.
Mon Dieu, dit-elle, il me prend une envie
D'aller mener une femblable vie.
Alibech donc s'en va, fans dire adieu :
Mere, ni fœur, nourrice, ni compagne
N'eft avertie. Alibech en campagne
Marche toujours, n'arrête en pas un lieu :
Tant court enfin, qu'elle entre en un Bois fombre;
Et dans ce Bois elle trouve un Vieillard,
Homme poffible autrefois plus gaillard;
Mais n'étant lors qu'un fquelette & qu'une ombre,
Pere, dit-elle, un mouvement m'a pris;
C'eft d'être Sainte, & mériter pour prix
Qu'on me révére, & qu'on chomme ma fête.

O quel plaifir j'aurois, fi tous les ans,
La palme en main, les rayons fur la tête,
Je recevois des fleurs & des préfens !
Votre métier eft-il fi difficile ?
Je fçai déja jeûner plus d'à demi.
Abandonnez ce penfer inutile,
Dit le Vieillard ; je vous parle en ami :
La fainteté n'eft chofe fi commune,
Que le jeûner fuffife pour l'avoir.
Dieu gard de mal fille & femme qui jeûne,
Sans pour cela guére mieux en valoir :
Il faut encor pratiquer d'autres chofes,
D'autres vertus, qui me font lettres clofes,
Et qu'un Hermite, habitant de ces Bois,
Vous apprendra mieux que moi mille fois.
Allez le voir ; ne tardez davantage :
Je ne retiens tels oifeaux dans ma cage.
Difant ces mots, le Vieillard la quitta,
Ferma fa porte, & fe barricada.
Très-fage fut d'agir ainfi fans doute,
Ne fe fiant à vieilleffe, ni goute,
Jeûne, ni haire, enfin à rien qui foit.
Non loin de là notre Sainte apperçoit
Celui de qui ce bon Vieillard parloit,
Homme ayant l'ame en Dieu toute occupée,
Et fe faifant tout blanc de fon Epée :
C'étoit Ruftic, jeune Saint très-fervent ;
Ces jeunes-là s'y trompent bien fouvent.
En peu de mots l'appétit d'être Sainte
Lui fut d'abord par la Belle expliqué ;

Appétit

Appétit tel, qu'Alibech avoit crainte
Que quelque jour fon fruit n'en fût marqué.
Ruftic fourit d'une telle innocence :
Je n'ai, dit-il, que peu de connoiffance
En ce métier ; mais ce peu-là que j'ai,
Bien volontiers vous fera partagé :
Nous vous rendrons la chofe familiére.
Maître Ruftic eût dû donner congé
Tout dès l'abord à femblable Ecoliére :
Il ne le fit : en voici les effets.
Comme il vouloit être des plus parfaits,
Il dit en foi : Ruftic, que fçais-tu faire ?
Veiller, prier, jeûner, porter la haire :
Qu'eft-ce cela ? Moins que rien ; tous le font :
Mais d'être feul auprès de quelque Belle,
Sans la toucher ; il n'eft victoire telle :
Triomphes grands chez les Anges en font :
Méritons-les ; retenons cette fille :
Si je réfifte à chofe fi gentille ,
J'attens le comble, & me tire du pair.
Il la retint, & fut fi téméraire,
Qu'outre Satan il défia la chair ,
Deux ennemis toujours prêts à mal faire.
Or font nos Saints logés fous même toît.
Ruftic appréte en un petit endroit
Un petit lit de jonc pour la Novice ;
Car de coucher fur la dure d'abord ,
Quelle apparence ? Elle n'étoit encor
Accoutumée à fi rude exercice.
Quant au fouper, elle eut pour tout fervice

Un peu de fruit, du pain non pas trop beau.
Faites état que la magnificence
De ce repas ne confifta qu'en l'eau
Claire, d'argent, belle par excellence,
Ruftic jeûna : la fille eut appétit.
Couchés à part, Alibech s'endormit :
L'Hermite non. Une certaine bête,
Diable nommé, un vrai ferpent maudit,
N'eut point de paix qu'il ne fût de la fête.
On l'y reçoit. Ruftic roule en fa tête
Tantôt les traits de la jeune beauté,
Tantôt fa grace & fa naïveté,
Et fes façons, & fa maniére douce,
L'âge, la taille, & fur-tout l'embonpoint;
Et certain fein ne fe repofant point,
Allant, venant; fein qui pouffe & repouffe
Certain corfet, en dépit d'Alibech,
Qui tâche en vain de lui clorre le bec;
Car toujours parle : il va, vient, & refpire:
C'eft fon patois; Dieu fçait ce qu'il veut dire.
Le pauvre Hermite ému de paffion
Fit de ce point fa méditation.
Adieu la haire, adieu la difcipline.
Et puis voilà de ma dévotion;
Voilà mes Saints. Celui-ci s'achemine
Vers Alibech, & l'éveille en furfaut.
Ce n'eft bien fait que de dormir fi-tôt,
Dit le Frater : il faut au préalable
Qu'on faffe une œuvre à Dieu fort agréable,
Emprifonnant en enfer le malin :

Créé ne fut pour aucune autre fin.
Procédons-y. Tout à l'heure il se glisse
Dedans le lit. Alibech sans malice
N'entendoit rien à ce mystere-là ;
Et ne sçachant ni ceci, ni cela,
Moitié forcée & moitié consentante,
Moitié voulant combattre ce desir,
Moitié n'osant, moitié peine & plaisir,
Elle crut faire acte de repentante ;
Bien humblement rendit grace au Frater,
Sçut ce que c'est que le Diable en Enfer.
Désormais faut qu'Abilech se contente
D'être martyre, en cas que Sainte soit :
Frere Rustic peu de Vierges faisoit.
Cette leçon ne fut la plus aisée ;
Dont Alibech non encor déniaisée
Dit : Il faut bien que le Diable en effet
Soit une chose étrange & bien mauvaise ;
Il brise tout. Voyez le mal qu'il fait
A sa prison ; non pas qu'il m'en déplaise ;
Mais il mérite, en bonne vérité,
D'y retourner. Soit fait, ce dit le Frere.
Tant s'appliqua Rustic à ce mystére,
Tant prit de soin, tant eut de charité,
Qu'enfin l'Enfer s'accoutumant au Diable,
Eût eu toujours sa présence agréable,
Si l'autre eût pû toujours en faire essai.
Sur quoi la Belle : On dit encor bien vrai
Qu'il n'est prison si douce, que son hôte
En peu de tems ne s'y lasse sans faute.

Y ij

Bien-tôt nos gens ont noife fur ce point.
En vain l'Enfer fon prifonnier rappelle,
Le Diable eft fourd, le Diable n'entend point.
L'Enfer s'ennuye, autant en fait la Belle :
Ce grand defir d'être Sainte s'en va.
Ruftic voudroit être dépêtré d'eile :
Elle pourvoit d'elle-méme à cela ;
Furtivement elle quitte le Sire ;
Par le plus court s'en retourne chez foi.
Je fuis en foin de ce qu'elle put dire
A fes Parens ; c'eft ce qu'en bonne foi
Jufqu'à prefent je n'ai bien fçu comprendre.
Apparemment elle leur fit entendre
Que fon cœur mû d'un appétit d'enfant
L'avoit portée à tâcher d'être Sainte.
Ou l'on la crut, ou l'on en fit femblant.
Sa Parenté prit pour argent comptant
Un tel motif ; non que de quelque atteinte
A fon enfer on n'eût quelque foupçon ;
Mais cette chartre * eft faite de façon
Qu'on n'y voit goute ; maint geolier s'y trompe.
Alibech fut feftinée en grand pompe.
L'hiftoire dit, que par fimplicité
Elle conta la chofe à fes compagnes.
Befoin n'étoit que votre Sainteté,
Ce lui dit-on, traverfât ces campagnes :
On vous auroit, fans bouger du logis,
Même leçon, même fecret appris.
Je vous aurois, dit l'une, offert mon frere ;
     * Prifon.

Vous auriez eu, dit l'autre, mon cousin;
Et Neherbal, notre proche voisin,
N'est pas non plus novice en ce mystére :
Il vous recherche ; acceptez ce parti,
Devant qu'on soit d'un tel cas averti.
Elle le fit : Neherbal n'étoit homme
A cela près. On donna telle somme
Qu'avec les traits de la jeune Alibech,
Il prit pour bon un enfer très-suspect,
Usant des biens que l'Hymen nous envoye.
A tous Epoux Dieu doint pareille joye !

LA JUMENT
DU COMPERE PIERRE.

Messire Jean, c'étoit certain Curé
Qui préchoit peu, si non sur la vendange ;
Sur ce sujet, sans être préparé,
Il triomphoit ; vous eussiez dit un Ange.
Encore un point étoit touché de lui ,
Non si souvent qu'eût voulu le Messire ;
Et ce point-là , les enfans d'aujourd'hui
Sçavent que c'est ; besoin n'ai de le dire.
Messire Jean, tel que je le décris ,
Faisoit si bien que femmes & maris
Le recherchoient , estimoient sa science ;
Au demeurant il n'étoit conscience
Un peu jolie, & bonne à diriger,

Qu'il ne voulût lui-même interroger,
Ne s'en fiant aux foins de fon Vicaire :
Meffire Jean auroit voulu tout faire ;
S'entremettoit en zelé Directeur,
Alloit par-tout, difant qu'un bon Pafteur
Ne peut trop bien fes ouailles connoître,
Dont par lui-même inftruit en vouloit être.
Parmi les gens de lui les mieux venus,
Il fréquentoit chez le Compere Pierre,
Bon Villageois, à qui pour toute terre,
Pour tout domaine & pour tous revenus,
Dieu ne donna que fes deux bras tout nus,
Et fon louchet ; dont pour toute uftencile
Pierre faifoit fubfifter fa famille.
Il avoit femme & belle & jeune encor,
Ferme fur-tout : le hâle avoit fait tort
A fon vifage, & non à fa perfonne.
Nous autres gens peut-être aurions voulu
Du délicat ; ce ruftic ne m'eût plû :
Pour des Curés la pâte en étoit bonne,
Et convenoit à femblables amours.
Meffire Jean la regardoit toujours
Du coin de l'œil, toujours tournoit la tête
De fon côté, comme un Chien qui fait fête
Aux os qu'il voit n'être pas trop chétifs ;
Que s'il en voit un de belle apparence,
Non décharné, plein encor de fubftance,
Il tient deffus fes regards attentifs :
Il s'inquiéte, il trépigne, il remue
Oreille & queue ; il a toujours la vûe

Deſſus cet os , & le ronge des yeux
Vingt fois devant que ſon palais s'en ſente.
Meſſire Jean tout ainſi ſe tourmente
A cet objet pour lui délicieux.
La Villageoiſe étoit fort innocente ,
Et n'entendoit aux façons du Paſteur
Myſtére aucun. Ni ſon regard flateur,
Ni ſes preſens ne touchoient Madelaine :
Bouquets de Thym , & pots de Marjolaine
Tomboient à terre : avoir cent menus ſoins ,
C'étoit parler Bas-Breton tout au moins.
Il s'aviſa d'un plaiſant ſtratagéme.
Pierre étoit lourd , ſans eſprit : je crois bien
Qu'il ne ſe fût précipité lui-même ;
Mais par de-là de lui demander rien ,
C'étoit abus & très-grande ſottiſe.
L'autre lui dit : Compere , mon ami ,
Te voilà pauvre , & n'ayant à demi
Ce qu'il te faut ; ſi je t'apprens la guiſe
Et le moyen d'être un jour plus content
Qu'un petit Roi , ſans te tormenter tant ,
Que me veux-tu donner pour mes Etrennes ?
Pierre répond : Parbleu , Meſſire Jean ,
Je ſuis à vous , diſpoſez de mes peines ;
Car vous ſçavez que c'eſt tout mon vaillant.
Notre cochon ne nous faudra pourtant :
Il a mangé plus de ſon , par mon ame ,
Qu'il n'en tiendroit trois fois dans ce tonneau ,
Et d'abondant la Vache à notre femme
Nous a promis qu'elle feroit un Veau ;

Prenez

Prenez le tout. Je ne veux nul falaire,
Dit le Pafteur; obliger mon Compere
Ce m'eft affez : je te dirai comment
Mon deffein eft de rendre Madelaine
Jument le jour, par art d'enchantement,
Lui redonnant fur le foir forme humaine.
Très-grand profit pourra certainement
T'en revenir ; car ton Afne eft fi lent,
Que du marché l'heure eft prefque paffée
Quand il arrive : ainfi tu ne vends pas,
Comme tu veux, tes herbes, ta denrée,
Tes choux, tes aulx, enfin tout ton tracas.
Ta femme étant Jument forte & membrue,
Ira plus vîte ; & fi-tôt que chez toi
Elle fera du logis revenue,
Sans pain ni foupe, un peu d'herbe menue
Lui fuffira. Pierre dit : Sur ma foi,
Meffire Jean, vous êtes un fage homme ;
Voyez ce que c'eft d'avoir étudié !
Vend-on cela ? Si j'avois groffe fomme
Je vous l'aurois parbleu bien-tôt payé.
Jean pourfuivit : Or çà je t'apprendrai
Les mots, la guife & toute la maniére,
Par où Jument bien faite & pouliniére
Auras de jour, belle femme de nuit,
Corps, tête, jambe, & tout ce qui s'enfuit
Lui reviendra ; tu n'as qu'à me voir faire.
Tai-toi fur-tout ; car un mot feulement
Nous gâteroit tout notre enchantement :
Nous ne pourrions revenir au myftére

De notre vie ; encore un coup *motus*,
Bouche coufue : ouvre les yeux fans plus ;
Toi-même après pratiqueras la chofe.
Pierre promet de fe taire, & Jean dit :
Sus Madelaine, il fe faut, & pour caufe,
Dépouiller nue, & quitter cet habit :
Dégrafez-moi cet atour des Dimanches ;
Fort bien : ôtez ce corfet & ces manches ;
Encore mieux : défaites ce jupon ;
Très-bien cela. Quand vint à la chemife,
La pauvre Epoufe eut en quelque façon
De la pudeur. Etre nue ainfi mife
Aux yeux des gens ! Madelaine aimoit mieux
Demeurer femme, & juroit fes grands Dieux
De ne fouffrir une telle vergogne.
Pierre lui dit : voilà grande befogne !
Et bien, tous deux nous fçaurons comme quoi
Vous êtes faite : eft-ce par votre foi
De quoi tant craindre ? Et là là, Madelaine,
Vous n'avez pas toujours eu tant de peine
A tout ôter : comment donc faites-vous
Quand vous cherchez vos puces ? Dites-nous :
Meffire Jean eft-ce quelqu'un d'étrange ?
Que craignez-vous ? Hé quoi ? qu'il ne vous mange ?
C,à dépêchons ; c'eft par trop marchandé :
Depuis le tems Monfieur notre Curé
Auroit déja parfait fon entreprife.
Difant ces mots, il ôte la chemife,
Regarde faire, & fes Lunettes prend.
Meffire Jean par le nombril commence,

Pofe deſſus une main, en diſant :
Que ceci ſoit beau poitrail de Jument ;
Puis cette main dans le pays s'avance.
L'autre s'en va transformer ces deux monts,
Qu'en nos climats les gens nomment tetons ;
Car quant à ceux qui ſur l'autre hémiſphére
Sont étendus, plus vaſtes en leur tour,
Par révérence on ne les nomme guére ;
Meſſire Jean leur fait auſſi ſa cour,
Diſant toujours pour la cérémonie,
Que ceci ſoit telle ou telle partie,
Ou belle croupe, ou beaux flancs, tout enfin.
Tant de façons mettoient Pierre en chagrin,
Et ne voyant nul progrès à la choſe,
Il prioit Dieu pour la métamorphoſe.
C'étoit en vain ; car de l'enchantement
Toute la force & l'accompliſſement
Giſſoit à mettre une queue à la bête :
Tel ornement eſt choſe fort honnête.
Jean ne voulant un tel point oublier,
L'attache donc : lors Pierre de crier
Si haut, qu'on l'eût entendu d'une lieue :
Meſſire Jean, je n'y veux point de queue :
Vous l'attachez trop bas, Meſſire Jean.
Pierre à crier ne fut ſi diligent,
Que bonne part de la cérémonie
Ne fût déja par le Prêtre accomplie.
A bonne fin le reſte auroit été,
Si non content d'avoir déja parlé,
Pierre encor n'eût tiré par la ſoutane

Z ij

Le Curé Jean, qui lui dit, foin de toi :
T'avois-je pas recommandé, gros âne,
De ne rien dire, & de demeurer coi ?
Tout est gâté : ne t'en prends qu'à toi-même.
Pendant ces mots l'Epoux gronde à part soi :
Madelaine est en un courroux extrême,
Querelle Pierre, & lui dit : Malheureux,
Tu ne seras qu'un misérable gueux
Toute ta vie ; & puis vien-t-en me braire ;
Vien me conter ta faim & ta douleur.
Voyez un peu : Monsieur notre Pasteur
Veut de sa grace à ce traîne-malheur
Montrer de quoi finir notre misére :
Mérite-t-il le bien qu'on lui veut faire ?
Messire Jean laissons-là cet oyson :
Tous les matins tandis que ce veau lie
Ses choux, ses aulx, ses herbes, son oignon,
Sans l'avertir venez à la maison ;
Vous me rendrez une Jument polie.
Pierre reprit : Plus de Jument, mamie,
Je suis content de n'avoir qu'un grison.

LES LUNETTES.

J'Avois juré de laisser-là les Nones ;
  Car que toujours on voye en mes écrits
Même sujet & semblables personnes,
Cela pourroit fatiguer les esprits.
Ma Muse met Guimpe sur le tapis ;
Et puis quoi, Guimpe, & puis Guimpe sans cesse,
Bref toujours Guimpe, & Guimpe sous la presse.
C'est un peu trop ; je veux que les Nonains
Fassent les tours en amour les plus fins ;
Si ne faut-il pour cela qu'on épuise
Tout le sujet. Le moyen ? C'est un fait
Par trop fréquent : je n'aurois jamais fait.
Il n'est Greffier dont la plume y suffise.
Si j'y tâchois, on pourroit soupçonner
Que quelque cas m'y feroit retourner :

Tant fur ce point mes Vers font de rechutes;
Toujours fouvient à Robin de fes flutes.
Or apportons à cela quelque fin :
Je le prétends, cette tâche ici faite.

Jadis s'étoit introduit un Blondin
Chez des Nonains, à titre de fillette :
Il n'avoit pas quinze ans, que tout ne fût ;
Dont le Galant paffa pour Sœur Colette,
Auparavant que la barbe lui crût.
Cet entre-tems ne fut fans fruit ; le Sire
L'employa bien : Agnès en profita.
Las ! quel profit ! J'euffe mieux fait de dire
Qu'à Sœur Agnès malheur en arriva.
Il lui falut élargir fa ceinture,
Puis mettre au jour petite créature,
Qui reffembloit comme deux goutes d'eau,
Ce dit l'hiftoire, à la Sœur Jouvenceau.
Voilà fcandale & bruit dans l'Abbaye :
D'où cet enfant eft-il plû ? Comme a-t-on,
Difoient les Sœurs en riant, je vous prie,
Trouvé céans ce petit champignon ?
Si ne s'eft-il après tout fait lui-même.
La Prieure eft en un courroux extrême.
Avoir ainfi fouillé cette maifon !
Bien-tôt on mit l'accouchée en prifon ;
Puis il falut faire enquête du pere :
Comment eft-il entré ? comment forti ?
Les murs font hauts, antique la Touriére,
Double la grille, & le tour très-petit.

Seroit-ce point quelque garçon en fille,
Dit la Prieure, & parmi nos brebis
N'aurions-nous point sous de trompeurs habits
Un jeune loup ? Sus, qu'on se deshabille :
Je veux sçavoir la vérité du cas.
Qui fut bien pris ? Ce fut la feinte ouaille :
Plus son esprit à songer se travaille,
Moins il espére échaper d'un tel pas.
Nécessité, mere de stratagême,
Lui fit .... Eh bien ? lui fit en ce moment
Lier .... Eh quoi ? Foin, je suis court moi-même :
Où prendre un mot qui dise honnêtement
Ce que lia le pere de l'enfant ?
Comment trouver un détour suffisant
Pour cet endroit ? Vous avez oui dire
Qu'au tems jadis le genre humain avoit
Fenêtre au corps ; de sorte qu'on pouvoit
Dans le dedans tout à son aise lire ;
Chose commode aux Médecins d'alors.
Mais si d'avoir une fenêtre au corps
Etoit utile, une au cœur au contraire
Ne l'étoit pas, dans les femmes sur tout ;
Car le moyen qu'on pût venir à bout
De rien cacher ? Notre commune mere,
Dame Nature, y pourvut sagement
Par deux lacets de pareille mesure.
L'homme & la femme eurent également
De quoi fermer une telle ouverture.
La femme fut lacée un peu trop dru :
Ce fut sa faute ; elle-même en fut cause ;

N'étant jamais à son gré trop bien close,
L'homme au rebours ; & le bout du tissu
Rendit en lui la nature perplexe :
Bref le lacet à l'un & l'autre sexe
Ne put quadrer, & se trouva, dit-on,
Aux femmes court, aux hommes un peu long.
Il est facile à présent qu'on devine
Ce que lia notre jeune imprudent ;
C'est ce surplus, ce reste de machine,
Bout de lacet aux hommes excédant.
D'un brin de fil il l'attacha de sorte,
Que tout sembloit aussi plat qu'aux Nonains ;
Mais fil ou soye, il n'est bride assez forte
Pour contenir ce que bien-tôt je crains
Qui ne s'échape. Amenez-moi des Saints ;
Amenez-moi, si vous voulez, des Anges ;
Je les tiendrai créatures étranges,
Si vingt Nonains, telles qu'on les vit lors,
Ne font trouver à leurs esprits un corps :
J'entens Nonains ayant tous les trésors
De ces trois sœurs dont la Fille de l'Onde
Se fait servir ; chiches & fiers appas,
Que le Soleil ne voit qu'au nouveau monde
Car celui-ci ne les lui montre pas.
La Prieure a sur son nez des Lunettes ;
Pour ne juger du cas légérement.
Tout à l'entour sont debout vingt Nonettes
En un habit, que vraisemblablement
N'avoient pas fait les Tailleurs du Couvent.
Figurez-vous la question qu'au Sire

On

On donna lors ; besoin n'est de le dire.
Touffes de lis, proportion du corps,
Secrets appas, embonpoint, & peau fine,
Fermes tetons, & semblabies ressorts
Eurent bien-tôt fait jouer la machine.
Elle échapa, rompit le fil d'un coup,
Comme un coursier qui romproit son licou,
Et sauta droit au nez de la Prieure,
Faisant voler Lunettes tout à l'heure
Jusqu'au plancher. Il s'en falut bien peu
Que l'on ne vît tomber la Lunetiére.
Elle ne prit cet accident en jeu :
L'on tint Chapitre, & sur cette matiére
Fut raisonné long-tems dans le logis.
Le jeune loup fut aux vieilles brebis
Livré d'abord. Elles vous l'empoignérent ;
A certain arbre en leur cour l'attachérent,
Ayant le nez devers l'arbre tourné,
Le dos à l'air avec toute la suite ;
Et cependant que la troupe maudite
Songe comment il sera guerdonné,
Que l'une va prendre dans les cuisines
Tous les balais, & que l'autre s'en court
A l'arsenal où sont les disciplines,
Qu'une troisiéme enferme à double tour
Les Sœurs qui sont jeunes & pitoyables ;
Bref que le sort ami du maricolet
Ecarte ainsi toutes les détestables,
Vient un Meûnier monté sur son mulet,
Garçon quarré, garçon couru des filles,

Bon compagnon, & beau joueur de quilles;
Oh oh! dit-il, qu'est-ce là que je voi?
Le plaisant Saint! Jeune homme, je te prie,
Qui t'a mis là? Sont-ce ces Sœurs? dis-moi:
Avec quelqu'une as-tu fait la folie?
Te plaisoit-elle? Etoit-elle jolie?
Car à te voir, tu me portes, ma foi,
(Plus je regarde & mire ta personne)
Tout le minois d'un vrai croqueur de None.
L'autre répond, hélas! c'est le rebours:
Ces Nones m'ont en vain prié d'amours.
Voilà mon mal: Dieu me doint patience;
Car de commettre une si grande offense,
J'en fais scrupule, & fût-ce pour le Roi;
Me donnât-on aussi gros d'or que moi.
Le Meûnier rit, & sans autre mystére
Vous le délie, & lui dit: Idiot,
Scrupule, toi, qui n'es qu'un pauvre haire!
C'est bien à nous qu'il appartient d'en faire.
Notre Curé ne feroit pas si sot.
Vîte fui-t-en, m'ayant mis en ta place:
Car aussi-bien tu n'es pas comme moi
Franc du collier & bon pour cet emploi:
Je n'y veux point de quartier ni de grace:
Viennent ces Sœurs; toutes, je te répond,
Verront beau jeu, si la corde ne rompt.
L'autre deux fois ne se le fait redire:
Il vous l'attache, & puis lui dit adieu.
Large d'épaule on auroit vû le Sire
Attendre nud les Nonains en ce lieu.

L'efcadron vient, porte en guife de cierges
Gaules & fouets ; proceffion de verges,
Qui fit la ronde à l'entour du Meûnier,
Sans lui donner le tems de fe montrer,
Sans l'avertir. Tout beau, dit-il, Mefdames ;
Vous vous trompez ; confidérez-moi bien :
Je ne fuis pas cet ennemi des femmes,
Ce fcrupuleux qui ne vaut rien à rien.
Employez-moi, vous verrez des merveilles :
Si je dis faux, coupez-moi les oreilles.
D'un certain jeu je viendrai bien à bout ;
Mais quant au fouet, je n'y vaux rien du tout.
Qu'entend ce Ruftre, & que nous veut-il dire ?
S'écria lors une de nos fans-dents :
Quoi, tu n'es pas notre faifeur d'enfans ?
Tant pis pour toi, tu payras pour le Sire ;
Nous n'avons pas telles armes en main,
Pour demeurer en un fi beau chemin :
Tien, tien ; voilà l'ébat que l'on defire.
A ce difcours, fouets de rentrer en jeu,
Verges d'aller, & non pas pour un peu ;
Meûnier de dire en langue intelligible,
Crainte de n'être affez bien entendu,
Mefdames, je .... ferai tout mon poffible
Pour m'acquitter de ce qui vous eft dû.
Plus il leur tient des difcours de la forte,
Plus la fureur de l'antique cohorte
Se fait fentir. Long-tems il s'en fouvint.
Pendant qu'on donne au Maître l'anguillade,
Le Mulet fait fur l'herbette gambade.

A a ij

Ce qu'à la fin l'un & l'autre devint,
Je ne le sçai, ni ne m'en mets en peine:
Suffit d'avoir sauvé le jouvenceau.
Pendant un tems les Lecteurs, pour douzaine
De ces Nonains au corps gent & si beau,
N'auroient voulu, je gage, être en sa peau.

LE CUVIER.

Soyez Amant, vous serez inventif :
Tour ni détour, ruse ni stratagême
Ne vous faudront : le plus jeune apprentif
Est vieux routier dès le moment qu'il aime ;
On ne vit onc que cette passion
Demeurât court faute d'invention :
Amour fait tant qu'enfin il a son compte.
Certain Cuvier, dont on fait certain conte,
En fera foi. Voici ce que j'en sçais,
Et qu'un Quidam me dit ces jours passés,
Dedans un Bourg ou Ville de Province :
N'importe pas du titre, ni du nom.

Un Tonnelier & sa femme Nanon
Entretenoient un ménage assez mince :

De l'aller voir Amour n'eut à mépris ;
Y conduisant un de ses bons amis ;
C'est Cocuage : il fut de la partie ;
Deux familiers, & sans cérémonie,
Se trouvant bien dans toute Hôtellerie ;
Tout est pour eux bon gîte & bon logis ;
Sans regarder si c'est Louvre ou cabane.
Un Drôle donc caressoit Madame Anne :
Ils en étoient sur un point, sur un point ;
C'est dire assez de ne le dire point ;
Lorsque l'Epoux revient tout hors d'haleine
Du Cabaret : justement, justement . . . .
C'est dire encor ceci bien clairement.
On le maudit ; nos gens sont fort en peine :
Tout ce qu'on put, fut de cacher l'Amant.
On vous le serre en hâte & promptement
Sous un Cuvier, dans une cour prochaine.
Tout en entrant l'Epoux dit : J'ai vendu
Notre Cuvier. Combien, dit Madame Anne ?
Quinze beaux francs. Va, tu n'es qu'un gros âne,
Repartit-elle ; & je t'ai d'un écu
Fait aujourd'hui profit par mon adresse,
L'ayant vendu six écus avant toi.
Le Marchand voit s'il est de bon alloi,
Et par dedans le tâte piéce à piéce,
Examinant si tout est comme il faut,
Si quelque endroit n'a point quelque défaut.
Que ferois-tu malheureux sans ta femme ?
Monsieur s'en va chopiner, cependant
Qu'on se tourmente ici le corps & l'ame ;

Il faut agir fans ceffe en l'attendant:
Je n'ai goûté jufqu'ici nulle joye;
J'en goûterai déformais, atten-t'y :
Voyez un peu le galant à bon foye;
Je fuis d'avis qu'on laiffe à tel mari
Telle moitié. Doucement notre époufe,
Dit le bon homme. Or fus, Monfieur, fortez;
C,à que je racle un peu de tous côtés
Votre Cuvier, & puis que je l'arroufe:
Par ce moyen vous verrez s'il tient eau;
Je vous répons qu'il n'eft moins bon que beau.
Le galant fort: l'époux entre en fa place,
Racle par tout, la chandelle à la main,
Deçà delà, fans qu'il fe doute brin
De ce qu'Amour en dehors vous lui braffe:
Rien n'en put voir, & pendant qu'il repaffe
Sur chaque endroit, affublé du cuveau,
Les Dieux fufdits lui viennent de nouveau
Rendre vifite, impofant un ouvrage
A nos Amans bien différent du fien,
Il regrata, grata, frota fi bien,
Que notre couple ayant repris courage;
Reprit auffi le fil de l'entretien
Qu'avoit troublé le galant perfonnage.
Dire comment le tout fe put paffer,
Ami Lecteur, tu dois m'en difpenfer;
Suffit que j'ai très-bien prouvé ma thefe.
Ce tour fripon du couple augmentoit l'aife;
Nul d'eux n'étoit à tels jeux apprentif.
Soyez Amant, vous ferez inventif.

LA CHOSE IMPOSSIBLE.

Un Démon plus noir que malin,
Fit un charme si souverain
Pour l'Amant de certaine Belle,
Qu'à la fin celui-ci posséda sa cruelle.
Le pact de notre Amant & de l'Esprit folet,
Ce fut que le premier jouiroit à souhait
De sa charmante inexorable.
Je te la rends dans peu, dit Satan, favorable;
Mais par tel si, qu'au lieu qu'on obéit au Diable,
Quand il a fait ce plaisir-là,
A tes commandemens le Diable obéira
Sur l'heure même, & puis sur la même heure
Ton serviteur Lutin, sans plus longue demeure,
Ira te demander autre commandement,
Que tu lui feras promptement:

Toujours

Toujours ainſi , ſans nul retardement.
   Si-non , ni ton corps , ni ton ame
   N'appartiendront plus à ta Dame :
Ils feront à Satan , & Satan en fera
   Tout ce que bon lui ſemblera.
   Le Galant s'accorde à cela.
   Commander étoit-ce un myſtére ?
   Obéir eſt bien autre affaire.
   Sur ce penſer-là notre Amant
S'en va trouver ſa Belle , en a contentement ;
Goûte des voluptés qui n'ont point de pareilles ;
Se trouve très-heureux ; hormis qu'inceſſamment
   Le Diable étoit à ſes oreilles.
   Alors l'Amant lui commandoit
   Tout ce qui lui venoit en tête ;
De bâtir des Palais, d'exciter la tempête.
En moins d'un tour de main cela s'accompliſſoit,
   Mainte piſtole ſe gliſſoit
   Dans l'eſcarcelle de notre homme.
   Il envoyoit le Diable à Rome :
Le Diable revenoit tout chargé de pardons.
   Aucuns voyages n'étoient longs,
   Aucune choſe mal-aiſée.
   L'Amant à force de rêver
Sur les ordres nouveaux qu'il lui faloit trouver,
   Vit bien-tôt ſa cervelle uſée.
   Il s'en plaignit à ſa divinité,
Lui dit de bout en bout toute la vérité.
Quoi ! ce n'eſt que cela ? lui répartit la Dame :
   Je vous aurai bien-tôt tiré

Tome II.   B b

Une telle épine de l'ame.
Quand le Diable viendra, vous lui presenterez
    Ce que je tiens, & lui direz :
Défrise-moi ceci ; fais tant par tes journées
Qu'il devienne tout plat. Lors elle lui donna
    Je ne sçais quoi, qu'elle tira
Du verger de Cypris, labyrinthe des Fées,
Ce qu'un Duc autrefois jugea si précieux,
Qu'il voulut l'honorer d'une Chevalerie ;
    Illuftre & noble Confrérie,
    Moins pleine d'hommes que de Dieux.
L'Amant dit au Démon : c'eft ligne circulaire
Et courbe que ceci ; je t'ordonne d'en faire
    Ligne droite & fans nuls retours :
    Va-t-en y travailler, & cours.
    L'efprit s'en va, n'a point de ceffe ;
    Qu'il n'ait mis le fil fous la preffe,
Tâche de l'applatir à grands coups de marteau ;
    Fait féjourner au fond de l'eau,
Sans que la ligne fût d'un feul point étendue :
    De quelque tour qu'il fe fervît,
Quelque fecret qu'il eût, quelque charme qu'il fît
    C'étoit tems & peine perdue :
    Il ne put mettre à la raifon
        La toifon.
Elle fe révoltoit contre le vent, la pluye ;
La neige, les brouillards : plus Satan y touchoit ;
    Moins l'annelure fe lâchoit.
Qu'eft-ceci, difoit-il, je ne vis de ma vie
Chofe de telle étoffe : il n'eft point de Lutin

Qui n'y perdit tout son Latin.
Messire Diable un beau matin
S'en va trouver son homme, & lui dit, je te laisse ;
Aprens-moi seulement ce que c'est que cela.
　　Je te le rends , tien, le voilà.
　　Je suis *victus*, je le confesse.
　　Notre ami , Monsieur le Luiton ;
Dit l'homme, vous perdez un peu trop-tôt courage ;
Celui-ci n'est pas seul, & plus d'un compagnon
　　Vous auroit taillé de l'ouvrage.

LE TABLEAU.

ON m'engage à conter d'une maniére honnête
   Le fujet d'un de ces tableaux,
   Sur lefquels on met des rideaux.
   Il me faut tirer de ma tête
Nombre de traits nouveaux, piquans & délicats ;
   Qui difent & ne difent pas,
   Et qui foient entendus fans notes
   Des Agnès même les plus fottes.
Ce n'eft pas coucher gros ; ces extrémes Agnès
   Sont oifeaux qu'on ne vit jamais.
Toute Matrône fage, à ce que dit Catule,
Regarde volontiers le gigantefque don,
Fait au fruit de Venus par la main de Junon:
A ce plaifant objet fi quelqu'une recule,
   Cette quelqu'une diffimule.

Ce principe pofé, pourquoi plus de fcrupule?
Pourquoi moins de licence aux oreilles qu'aux yeux?
Puifqu'on le veut ainfi, je ferai de mon mieux :
Nuls traits à découvert n'auront ici de place;
Tout y fera voilé, mais de gaze; & fi bien,
  Que je croi qu'on n'en perdra rien.
Qui penfe finement, & s'exprime avec grace,
  Fait tout paffer; car tout paffe :
  Je l'ai cent fois éprouvé,
  Quant le mot eft bien trouvé,
Le fexe en fa faveur à la chofe pardonne :
Ce n'eft plus elle alors, c'eft elle encor pourtant :
  Vous ne faites rougir perfonne,
  Et tout le monde vous entend;
J'ai befoin aujourd'hui de cet art important.
Pourquoi? me dira-t-on, puifque fur ces merveilles
Le fexe porte l'œil fans toutes ces façons.
Je repons à cela : chaftes font fes oreilles,
  Encor que les yeux foient fripons.
Je veux, quoiqu'il en foit, expliquer à des Belles
Cette chaife rompuë, & ce ruftre tombé.
Mufes venez m'aider; mais vous êtes pucelles,
Au joli jeu d'amour ne fçachant A ni B.
Mufes, ne bougez donc : feulement par bonté
Dites au Dieu des vers, que dans mon entreprife
  Il eft bon qu'il me favorife,
  Et de mes mots faffe le choix;
  Ou je dirai quelque fottife,
Qui me fera donner du bufque fur les doigts.
C'eft affez raifonner; venons à la peinture.

Elle contient une avanture
Arrivée au païs d'Amours.
Jadis la ville de Cythere
Avoit en l'un de ses fauxbourgs
Un Monastere.
Venus en fit un Séminaire,
Il étoit de Nonains, & je puis dire ainsi,
Qu'il étoit de galans aussi.
En ce lieu hantoient d'ordinaire
Gens de Cour, Gens de ville, & Sacrificateurs,
Et Docteurs,
Et Bacheliers sur tout. Un de ce dernier ordre
Passoit dans la maison pour être des amis ;
Propre, toujours rasé, bien disant, & beau fils :
Sur son chapeau luisant, sur son rabat bien mis
La médisance n'eut sçu mordre.
Ce qu'il avoit de plus charmant,
C'est que deux des Nonains alternativement
En tiroient maint & maint service.
L'une n'avoit quitté les atours de Novice
Que depuis quelques mois; l'autre encor les portoit:
La moins jeune à peine comptoit
Un an entier par-dessus treize ;
Age propre à soutenir these,
These d'amour : le Bachelier
Leur avoit rendu familier
Chaque point de cette science,
Et le tout par expérience.
Une assignation pleine d'impatience
Fut un jour par les Sœurs donnée à cet Amant ;

Et pour rendre complet le divertiſſement,
Bacchus avec Cerès, de qui la compagnie
   Met Venus en train bien ſouvent,
Devoient être ce coup de la ceremonie.
Propreté toucha ſeule aux aprêts du régal;
Elle ſçut s'en tirer avec beaucoup de grace.
Tout paſſa par ſes mains, & le vin, & la glace,
   Et les caraffes de criſtal.
On s'y feroit miré. Flore à l'haleine d'ambre
   Sema de fleurs toute la chambre :
Elle en fit un jardin. Sur le linge ces fleurs
Formoient des las d'amour, & le chifre des ſœurs.
   Leurs Cloîtriéres excellences
   Aimoient fort ces magnificences :
C'eſt un plaiſir de None. Au reſte leur beauté
Aiguiſoit l'appétit auſſi de ſon côté.
   Mille ſecrettes circonſtances
   De leurs corps polis & charmans
   Augmentoient l'ardeur des Amans.
   Leur taille étoit preſque ſemblable.
Blancheur, délicateſſe, embonpoint raiſonnable,
Fermeté, tout charmoit, tout étoit fait au tour;
   En mille endroits nichoit l'Amour,
Sous une guimpe, un voile, & ſous un ſcapulaire,
Sous ceci, ſous cela, que voit peu l'œil du jour,
Si celui du galant ne l'appelle au miſtére.
   A ces ſœurs l'enfant de Cythere
   Mille fois le jour s'en venoit
   Les bras ouverts, & les prenoit
   L'une après l'autre pour ſa mere.

Tel ce couple attendoit le Bachelier trop lent;
    Et de lui, tout en l'attendant,
Elles difoient du mal, puis du bien, puis les belles
    Imputoient fon retardement
    A quelques amitiés nouvelles.
Qui peut le retenir, difoit l'une? eft-ce amour?
    Eft-ce affaire? eft-ce maladie?
    Qu'il y revienne de fa vie,
    Difoit l'autre, il aura fon tour.
Tandis qu'elles cherchoient là-deffus du myftére
Paffe un Mazet portant à la Dépofitaire
    Certain fardeau peu néceffaire.
Ce n'étoit qu'un prétexte, & felon qu'on m'a dit,
Cette Dépofitaire ayant grand appétit,
Faifoit fa portion des talens de ce Ruftre,
Tenu dans tels repas pour un traiteur illuftre.
Le coquin lourd d'ailleurs, & de très-court efprit,
    A la cellule fe méprit.
    Il alla chez les attendantes
    Frapper avec fes mains pefantes.
On ouvre, on eft furpris, on le maudit d'abord;
    Puis on voit que c'eft un tréfor.
    Les Nonains s'éclatent de rire.
    Toutes deux commencent à dire,
Comme fi toutes deux s'étoient donné le mot:
    Servons-nous de ce maître fot.
    Il vaut bien l'autre, que t'en femble?
La Profeffe ajoûta: c'eft très-bien avifé.
Qu'attendions-nous ici? qu'il nous fût debité
De beauxdifcours?non non,ni rien qui leur refemble.
                         Ce

Ce pitaut doit valoir, pour le point souhaité,
　　Bachelier & Docteur ensemble.
Elle en jugeoit très-bien. La taille du garçon,
　　Sa simplicité, sa façon,
Et le peu d'intérêt qu'en tout il sembloit prendre,
　　Faisoient de lui beaucoup attendre.
C'étoit l'homme d'Ésope : il ne songeoit à rien,
　　Mais il bûvoit & mangeoit bien,
　　Et si Xantus l'eût laissé faire,
　　Il auroit poussé loin l'affaire.
　　Ainsi, bien-tôt apprivoisé,
　　Il se trouva tout disposé
　　Pour exécuter sans remise
Les ordres des Nonains, les servant à leur guise
　　Dans son office de Mazet,
Dont il lui fut donné par les sœurs un brevet.

　　Ici la peinture commence :
　　Nous voilà parvenus au point.
　　Dieu des vers, ne me quitte point ;
　　J'ai recours à ton assistance.
　　Dis-moi pourquoi ce Rustre assis,
Sans peine de sa part, & très-fort à son aise,
Laisse le soin de tout aux amoureux soucis
　　De Sœur Claude & de Sœur Therese.
N'auroit-il pas mieux fait de leur donner la chaise ?
Il me semble déja que je vois Apollon
　　Qui me dit, tout beau ; ces matieres
　　A fonds ne s'examinent guéres.
J'entens ; & l'Amour est un étrange garçon.

Tome II.　　　　　　　　　　　　C c

J'ai tort d'ériger un fripon
En Maître de cérémonies.
Dès qu'il entre en une maison :
Régles & loix en font bannies :
Sa fantaisie est sa raison ;
Le voilà qui rompt tout ; c'est assez sa coûtume.
Ses jeux sont violens. A terre on vit bien-tôt
Le galant Cathedral ; ou soit par le défaut
De la chaise un peu foible ; ou soit que du pitaut
    Le corps ne fût pas fait de plume :
Ou soit que Sœur Therese eût chargé d'action
Son discours véhément, & plein d'émotion.
On entendit craquer l'amoureuse tribune.
Le Rustre tombe à terre en cette occasion.
    Ce premier point eut par fortune
    Malheureuse conclusion.

Censeurs, n'approchez point d'ici votre œil profane,
Vous gens de bien, voyez comme Sœur Claude mit
    Un tel incident à profit.
Therese en ce malheur perdit la tramontane.
Claude la débusqua, s'emparant du timon.
    Therese pire qu'un démon
Tâche à la retirer, & se remettre au trône ;
    Mais celle-ci n'est pas personne
    A ceder un poste si doux.
    Sœur Claude, prenez garde à vous ;
    Therese en veut venir aux coups ;
Elle a le poing levé. Qu'elle ait. C'est bien répondre ;
Quiconque est occupé comme vous, ne sent rien.

Je ne m'étonne pas que vous sçachiez confondre
   Un petit mal dans un grand bien.
   Malgré la colere marquée
   Sur le front de la débusquée,
Claude suit son chemin, le Ruftre auffi le fien ;
   Therese eft mal contente & gronde.
Les plaifirs de Venus font fources de débats ;
   Leur fureur n'a point de feconde.
   J'en prens à témoins les combats
   Qu'on vit fur la terre & fur l'onde,
   Lorfque Paris à Menelas
   Ota la merveille du monde.
   Quoique Bellone ait part ici,
   J'y vois peu de corps de cuiraffe.
   Dame Venus fe couvre ainfi,
Quand elle entre en champ clos avec le Dieu de
     Thrace.
   Cette armure a beaucoup de grace.
Belles, vous m'entendez : je n'en dirai pas plus.
   L'habit de guerre de Venus
   Eft plein de chofes admirables.
   Les Cyclopes aux membres nus
Forgent peu de harnois qui lui foient comparables :
Celui du preux Achille auroit été plus beau,
Si Vulcain eût deffus gravé notre tableau.

Or ai-je des Nonains mis en vers l'avanture.
Mais non avec des traits dignes de l'action ;
Et comme celle-ci déchet dans la peinture,
La peinture déchet dans ma defcription :

Les mots & les couleurs ne font chofes pareilles,
Ni les yeux ne font les oreilles.

J'ai laiffé long-temps au filet
Sœur Therefe la détrônée.
Elle eut fon tour : notre Mazet
Partagea fi bien fa journée,
Que chacun fut content. L'hiftoire finit là ;
Du feftin pas un mot : je veux croire, & pour caufe,
Que l'on but & que l'on mangea :
Ce fut l'intermede & la pofe.
Enfin tout alla bien ; hormis qu'en bonne foi
L'heure du rendez-vous m'embaraffe, & pourquoi ?
Si l'Amant ne vint pas, fœur Claude & fœur Therefe
Eurent à tout le moins de quoi fe confoler ;
S'il vint, on fçût cacher le lourdaut & la chaife,
L'Amant trouva bien-tôt encore à qui parler.

LE BAST.

UN Peintre étoit, qui jaloux de fa femme,
    Allant aux champs lui peignit un baudet
Sur le nombril, en guife de cachet.
Un fien Confrere amoureux de la Dame
La va trouver, & l'âne efface net,
Dieu fçait comment ; puis un autre en remet
Au même endroit, ainfi que l'on peut croire.
A celui-ci, par faute de mémoire,
Il mit un Baft, l'autre n'en avoit point.
L'Epoux revient, veut s'éclaircir du point.
Voyez, mon fils, dit la bonne commere,
L'âne eft témoin de ma fidélité.
Diantre foit fait, dit l'Epoux en colere,
Et du témoin, & de qui l'a bâté.

LE FAISEUR D'OREILLES,

E T

LE RACOMMODEUR DE MOULES.

Conte tiré des cent Nouvelles nouvelles,
& d'un Conte de Bocace.

SIRE GUILLAUME allant en marchandise,
Laissa sa femme enceinte de six mois,
Simple, jeunette, & d'assez bonne guise,
Nommée Alix, du païs Champenois.
Compere André l'alloit voir quelquefois :
A quel dessein, besoin n'est de le dire ;
Et Dieu le sçait : c'étoit un maître Sire,
Il ne tendoit guére en vain ses filets ;
Ce n'étoit pas autrement sa coutume :

Sage eût été l'oiseau, qui de ses rets
Se fût sauvé sans laisser quelque plume ;

Alix étoit fort neuve sur ce point :
Le trop d'esprit ne l'incommodoit point ;
De ce défaut on n'accusoit la Belle.
Elle ignoroit les malices d'Amour.
La pauvre Dame alloit tout devant elle,
Et n'y sçavoit ni finesse ni tour.
Son mari donc se trouvant en emplette,
Elle au logis, en sa chambre seulette,
André survient, qui sans long compliment
La considére, & lui dit froidement :
Je m'ébahis, comme au bout du Royaume
S'en est allé le Compere Guillaume,
Sans achever l'enfant que vous portez ;
Car je vois bien qu'il lui manque une oreille :
Votre couleur me le démontre assez,
En ayant vû mainte épreuve pareille.
Bonté de Dieu ! reprit-elle aussi-tôt,
Que dites-vous ? Quoi d'un enfant monaut
J'accoucherois ! n'y sçavez-vous remede ?
Si dà, fit-il, je vous puis donner aide
En ce besoin, & vous jurerai bien
Qu'autre que vous ne m'en feroit tant faire.
Le mal d'autrui ne me tourmente en rien,
Fors excepté ce qui touche au Compere :
Quant à ce point je m'y ferois mourir.
Or essayons, sans plus en discourir,
Si je suis maître à forger des oreilles.

Souvenez-vous de les rendre pareilles,
Reprit la femme. Allez, n'ayez ſouci,
Repliqua-t-il, je prens ſur moi ceci.
Puis le Galant montre ce qu'il ſçait faire.
Tant ne fut nice (encor que nice fût)
Madame Alix, que le jeu ne lui plût.
Philoſopher ne faut pour cette affaire.
André vâquoit de grande affection
A ſon travail ; faiſant ore un tendon,
Ore un rempli, puis quelque cartilage ;
Et n'y plaignant l'étofe & la façon.
Demain, dit-il, nous polirons l'ouvrage ;
Puis le mettrons en ſa perfection,
Tant & ſi bien qu'en ayez bonne iſſuë.
Je vous en ſuis, dit-elle, bien tenuë ;
Bon fait avoir ici bas un ami.
Le lendemain, pareille heure venuë,
Compere André ne fut pas endormi.
Il s'en alla chez la pauvre innocente,
Je viens, dit-il, toute affaire ceſſante,
Pour achever l'oreille que ſçavez.
Et moi, dit-elle, allois par un meſſage
Vous avertir de hâter cet ouvrage :
Montons en haut. Dès qu'ils furent montés,
On pourſuivit la choſe encommencée.
Tant fut ouvré, qu'Alix dans la penſée
Sur cette affaire un ſcrupule ſe mit ;
Et l'innocente au bon Apôtre dit :
Si cet enfant avoit pluſieurs oreilles,
Ce ne ſeroit à vous bien beſogné.

Rien ;

Rien, rien, dit-il, à cela j'ai foigné;
Jamais ne faux en rencontres pareilles.
Sur le métier l'oreille étoit encor,
Quand le mari revient de fon voyage;
Careffe Alix, qui du premier abord
Vous aviez fait, dit-elle, un bel ouvrage;
Nous en tenions fans le Compere André;
Et notre enfant d'une oreille eût manqué.
Souffrir n'ai pû chofe tant indécente.
Sire André donc, toute affaire ceffante,
En a fait une : il ne faut oublier
De l'aller voir, & l'en remercier :
De tels amis on a toujours affaire.
Sire Guillaume, au difcours qu'elle fit,
Ne comprenant, comme il fe pouvoit faire
Que fon époufe eût eu fi peu d'efprit,
Par plufieurs fois lui fit faire un recit
De tout le cas : puis outré de colere
Il prit une arme à côté de fon lit;
Voulut tuer la pauvre Champenoife,
Qui prétendoit ne l'avoir mérité.
Son innocence & fa naïveté
En quelque forte appaiferent la noife.
Hélas, Monfieur, dit la Belle en pleurant,
En quoi vous puis-je avoir fait du dommage?
Je n'ai donné vos draps ni votre argent;
Le compte y eft; & quant au demeurant,
André me dit quand il parfit l'enfant,
Qu'en trouveriez plus que pour votre ufage :
Vous pouvez voir; fi je mens, tuez-moi :

Je m'en rapporte à votre bonne foi.

L'époux fortant quelque peu de colere,
Lui répondit : Or bien, n'en parlons plus ;
On vous l'a dit ; vous avez cru bien faire,
J'en fuis d'accord ; contefter là-deffus
Ne produiroit que difcours fuperflus :
Je n'ai qu'un mot. Faites demain enforte
Qu'en ce logis j'attrape le Galant :
Ne parlez point de notre différent ;
Soyez fecrette, ou bien vous êtes morte :
Il vous le faut avoir adroitement ;
Me feindre abfent en un fecond voyage,
Et lui mander, par lettre ou par meffage,
Que vous avez à lui dire deux mots.
André viendra ; puis de quelques propos
L'amuferez, fans toucher à l'oreille ;
Car elle faite, il n'y manque plus rien.
Notre innocente exécuta très-bien
L'ordre donné : ce ne fut pas merveille ;
La crainte donne aux bêtes de l'efprit.
André venu, l'époux guére ne tarde,
Monte, & fait bruit. Le Compagnon regarde
Où fe fauver ; nul endroit il ne vit,
Qu'une ruelle en laquelle il fe mit.
Le mari frappe : Alix ouvre la porte ;
Et de la main fait figne incontinent,
Qu'en la ruelle eft caché le Galant.

Sire Guillaume étoit armé de forte,

Que quatre Andrés n'auroient pû l'étonner.
Il fort pourtant, & va quérir main forte,
Ne le voulant fans doute affaffiner ;
Mais quelque oreille au pauvre homme couper ;
Peut-être pis, ce qu'on coupe en Turquie,
Païs cruel & plein de barbarie.
C'eft ce qu'il dit à fa femme tout bas :
Puis l'emmena fans qu'elle ofât rien dire ;
Ferma très-bien la porte fur le Sire.
André fe crut forti d'un mauvais pas,
Et que l'époux ne fçavoit nulle chofe.
Sire Guillaume en révant à fon cas
Change d'avis, en foi-même propofe
De fe venger avecque moins de bruit,
Moins de fcandale, & beaucoup plus de fruit.
Alix, dit-il, allez querir la femme
De fire André ; contez-lui votre cas
De bout en bout ; courez ; n'y manquez pas.
Pour l'amener vous direz à la Dame
Que fon mari court un péril très-grand ;
Que je vous ai parlé d'un châtiment
Qui la regarde ; & qu'aux faifeurs d'oreilles
On fait fouffrir, en rencontres pareilles,
Chofe terrible, & dont le feul penfer
Vous fait dreffer les cheveux à la tête ;
Que fon époux eft tout prêt d'y paffer ;
Qu'on n'attend qu'elle afin d'être à la fête.
Que toutefois, comme elle n'en peut mais,
Elle pourra faire changer la peine.
Amenez-la, courez : je vous promets

D'oublier tout, moyennant qu'elle vienne

Madame Alix bien joyeuse s'en fut
Chez Sire André, dont la femme accourut
En diligence, & quasi hors d'haleine ;
Puis monta seule ; & ne voyant André,
Crut qu'il étoit quelque part enfermé.
Comme la Dame étoit en ces allarmes,
Sire Guillaume ayant quitté ses armes,
La fait asseoir, & puis commence ainsi :
L'ingratitude est mere de tout vice.
André m'a fait un notable service ;
Parquoi devant que vous sortiez d'ici,
Je lui rendrai, si je puis, la pareille.
En mon absence il a fait une oreille
Au fruit d'Alix : je veux d'un si bon tour
Me revancher ; & je pense une chose.
Tous vos enfans ont le nez un peu court :
Le moule en est assurément la cause.
Or je les sçais des mieux racommoder.
Mon avis donc est que sans retarder
Nous pourvoyions de ce pas à l'affaire.
Disant ces mots, il vous prend la Commere,
Et près d'André la jetta sur le lit ;
Moitié raisin, moitié figue, en joüit.
La Dame prit le tout en patience ;
Benit le Ciel de ce que la vengeance
Tomboit sur elle, & non sur Sire André ;
Tant elle avoit pour lui de charité.
Sire Guillaume étoit de son côté

Si fort émû , tellement irrité ,
Qu'à la pauvrette il ne fit nulle grace
Du Talion , rendant à fon époux
Féves pour pois , & pain blanc pour foüace.
Qu'on dit bien vrai , que fe venger eft doux !
Très-fage fut d'en ufer de la forte.
Puifqu'il vouloit fon honneur réparer ,
Il ne pouvoit mieux que par cette porte
D'un tel affront à mon fens fe tirer.
André vit tout , & n'ofa murmurer ;
Jugea des coups , mais ce fut fans rien dire ;
Et loüa Dieu que le mal n'étoit pire.
Pour une oreille , il auroit compofé.
Sortir à moins , c'étoit pour lui merveilles ;
Je dis à moins ; car vaut mieux , tout prifé ,
Cornes gagner , que perdre fes oreilles.

LE FLEUVE SCAMANDRE.

ME voilà prêt à conter de plus belle ;
Amour le veut, & rit de mon ferment :
Hommes & Dieux, tout eft fous fa tutelle,
Tout obéit, tout cede à cet enfant :
J'ai deformais befoin en le chantant
De traits moins forts, & déguifant la chofe :
Car après tout, je ne veux être caufe
D'aucun abus : que plûtôt mes écrits
Manquent de fel, & ne foient d'aucun prix.
Si dans ces vers j'introduis & je chante
Certain trompeur & certaine innocente ;
C'eft dans la vûe & dans l'intention
Qu'on fe méfie en telle occafion.
J'ouvre l'efprit, & rends le fexe habile
A fe garder de ces pieges divers.

Sotte ignorance en fait trébucher mille,
Contre une feule à qui nuiroient mes vers.

J'ai lû qu'un Orateur eſtimé dans la Grece,
Des beaux Arts autrefois fouveraine Maîtreſſe,
Banni de fon païs, voulut voir le féjour
Où fubſiſtoient encor les ruines de Troye;
Cimon fon camarade eut fa part de la joye :
Du débris d'Ilion s'étoit conſtruit un bourg.
Noble par fes malheurs là Priam & fa Cour
N'étoient plusque des noms, dontle temsfait fa proïe.
Ilion, ton nom feul a des charmes pour moi :
Lieu fecond en fujets propres à notre emploi,
Ne verrai-je jamais rien de toi, ni la place
De ces murs élevés & détruits par des Dieux,
Ni ces champs où couroient la fureur & l'audace,
Ni des temps fabuleux enfin la moindre trace,
Qui pû me prefenter l'image de ces lieux ?
Pour revenir au fait, & ne point trop m'étendre,
  Cimon, le Heros de ces vers,
  Se promenoit près du Scamandre.
Une jeune ingénuë en ce lieu fe vient rendre,
En goûter la fraîcheur fur ces bords toujours verds.
Son voile au gré des vents va flotant dans les airs :
Sa parûre eſt fans art ; elle a l'air de bergere,
  Une beauté naïve, une taille legere.
Cimon en eſt furpris, & croit que fur ces bords
Venus vient étaler fes plus rares tréfors.
Un antre étoit auprès : l'innocente pucelle
Sans foupçon y defcend, auſſi fimple que belle.

Le chaud, la solitude, & quelque Dieu malin
L'inviterent d'abord à prendre un demi bain.
Notre Banni se cache : il contemple, il admire;
    Il ne sçait quels charmes élire;
Il devore des yeux & du cœur cent beautés.
Comme on étoit rempli de ces Divinités
    Que la Fable a dans son empire,
Il songe à profiter de l'erreur de ces temps;
Prend l'air d'un Dieu des eaux, mouille ses vêtemens,
Se couronne de joncs, & d'herbe dégoûtante;
Puis invoque Mercure, & le Dieu des Amans.
Contre tant de trompeurs qu'eût fait une innocente!
La Belle enfin découvre un pied, dont la blancheur
    Auroit fait honte à Galatée,
    Puis le plonge en l'onde argentée,
Et regarde ses lys, non sans quelque pudeur.
Pendant qu'à cet objet sa vûë est arrêtée,
Cimon approche d'elle : elle court se cacher
    Dans le plus profond du rocher.
Je suis, dit-il, le Dieu qui commande à cette onde;
Soyez-en sa Déesse, & régnez avec moi.
Peu de Fleuves pourroient dans leur grotte profonde
Partager avec vous un aussi digne emploi :
Mon cristal est très-pur, mon cœur l'est davantage;
Je couvrirai pour vous de fleurs tout ce rivage,
Trop heureux, si vos pas le daignent honorer,
Et qu'au fonds de mes eaux vous daigniez vous mirer.
    Je rendrai toutes vos compagnes
    Nymphes aussi, soit aux montagnes,
Soit aux eaux, soit aux bois; car j'étends mon pouvoir
Sur

Sur tout ce que votre œil à la ronde peut voir.
L'éloquence du Dieu, la peur de lui déplaire,
Malgré quelque pudeur qui gâtoit le myſtére,
      · Conclurent tout en peu de temps.
La ſuperſtition cauſe mille accidens.
On dit même qu'Amour intervint à l'affaire.
Tout fier de ce ſuccès, le Banni dit adieu.
      Revenez, dit-il, en ce lieu :
      Vous garderez que l'on ne ſçache
      Un hymen qu'il faut que je cache :
Nous le déclarerons, quand j'en aurai parlé
Au Conſeil qui ſera dans l'Olympe aſſemblé.
La nouvelle Déeſſe à ces mots ſe retire ;
Contente ? Amour le ſçait. Un mois ſe paſſe & deux,
Sans que pas un du bourg s'apperçût de leurs jeux.
O mortels ! eſt-il dit qu'à force d'être heureux
Vous ne le ſoyez plus ? Le Banni, ſans rien dire,
Ne va plus viſiter cet antre ſi ſouvent.
      Une nôce enfin arrivant,
Tous pour la voir paſſer ſous l'orme ſe vont rendre.
La belle apperçoit l'homme, & crie en ce moment,
      Ah ! voilà le fleuve Scamandre.
On s'étonne, on la preſſe : elle dit bonnement
Que ſon hymen ſe va conclure au firmament.
On en rit : car que faire ? Aucuns à coups de pierre
Pourſuivirent le Dieu, qui s'enfuit à grand'erre.
D'autres rirent ſans plus. Je crois qu'en ce tems-ci
L'on feroit au Scamandre un très-méchant parti.
      En ce temps-là ſemblables crimes
S'excuſoient aiſément : tous temps, toutes maximes.

L'épouſe du Scamandre en fut quitte à la fin
    Pour quelques traits de raillerie ;
Même un de ſes Amans l'en trouva plus jolie ;
C'eſt un goût : il s'offrit à lui donner la main :
Les Dieux ne gâtent rien : puis quand ils ſeroient cauſe
Qu'une fille en valût un peu moins, dotez-là ;
    Vous trouverez qui la prendra,
    L'argent repare toute choſe.

LA CONFIDENTE

SANS LE SCAVOIR,

OU

LE STRATAGESME.

JE ne connois Rhéteur, ni Maître ès Arts
Tel que l'Amour : il excelle en bien dire ;
Ses argumens, ce font de doux regards,
De tendres pleurs, un gracieux foûrire.
La guerre auffi s'exerce en fon empire :
Tantôt couvrant fa marche & fes fineffes
Il prend des cœurs entourés de remparts.
Je le foûtiens : pofez deux fortereffes ;
Qu'il en batte une, une autre le Dieu Mars ;

E e ij

Que celui-ci faſſe agir tout un monde,
Qu'il ſoit armé, qu'il ne lui manque rien;
Devant ſon fort je veux qu'il ſe morfonde,
Amour tout nud fera rendre le ſien.
J'en vais dire un de mes plus favoris;
C'eſt l'inventeur des tours & ſtratagêmes.
J'en ai bien lû, j'en vois pratiquer même,
Et d'aſſez bons, qui ne ſont rien au prix.

La jeune Aminte à Geronte donnée
Meritoit mieux qu'un ſi triſte hymenée;
Elle avoit pris en cet homme un époux
Mal-gracieux, incommode & jaloux.
Il étoit vieux; elle à peine en cet âge,
Où quand un cœur n'a point encor aimé,
D'un doux objet il eſt bien-tôt charmé.
Celui d'Aminte ayant ſur ſon paſſage
Trouvé Cléon, beau, bien fait, jeune & ſage,
Il s'acquitta de ce premier tribut,
Trop bien peut-être, & mieux qu'il ne falut:
Non toutefois que la Belle n'oppoſe
Devoir & tout à ce doux ſentiment;
Mais lors qu'Amour prend le fatal moment,
Devoir & tout, & rien c'eſt même choſe.
Le but d'Aminte en cette paſſion
Etoit, ſans plus, la conſolation
D'un entretien ſans crime, où la pauvrette
Verſât ſes ſoins en une ame diſcrette.
Je croirois bien qu'ainſi l'on le prétend;
Mais l'appétit vient toujours en mangeant:

Le plus sûr est ne se point mettre à table.
Aminte croit rendre Cleon traitable :
Pauvre ignorante ! Elle songe au moyen
De l'engager à ce simple entretien,
De lui laisser entrevoir quelque estime,
Quelque amitié, quelque chose de plus,
Sans y mêler rien que de légitime :
Plûtôt la mort empéchât tel abus !
Le point étoit d'entamer cette affaire.
Les Lettres font un étrange mistere,
Il en provient maint & maint accident.
Le meilleur est quelque sûr confident.
Où le trouver ? Geronte est homme à craindre
J'ai dit tantôt qu'Amour sçavoit atteindre
A ses desseins d'une ou d'autre façon :
Ceci me sert de preuve & de leçon.
Cleon avoit une vieille parente,
Severe & prude, & qui s'attribuoit
Autorité sur lui de gouvernante.
Madame Alis (ainsi l'on l'appelloit)
Par un beau jour eut de la jeune Aminte
Ce compliment, ou plûtôt cette plainte :
Je ne sçais pas pourquoi votre parent,
Qui m'est & fut toujours indifferent,
Et le sera tout le temps de ma vie,
A de m'aimer conçû la fantaisie.
Sous ma fenêtre il passe incessamment :
Je ne sçaurois faire un pas seulement
Que je ne l'aye aussi-tôt à mes trousses ;
Lettres, billets pleins de paroles douces,

Me font donnés par une, dont le nom
Vous eft connu; je le tais pour raifon.
Faites ceffer pour Dieu cette pourfuite;
Elle n'aura qu'une mauvaife fuite.
Mon mari peut prendre feu là-deffus.
Quant à Cleon, fes pas font fuperflus.
Dites-le lui de ma part, je vous prie.
Madame Alis la louë, & lui promet
De voir Cleon, de lui parler fi net,
Que de l'aimer il n'aura plus d'envie.
Cleon va voir Alis le lendemain :
Elle lui parle, & le pauvre homme nie,
Avec ferment, qu'il eût un tel deffein.
Madame Alis l'appelle enfant du diable;
Tout vilain cas, dit-elle, eft reniable;
Ces fermens vains & peu dignes de foi
Mériteroient qu'on vous fit votre fauffe.
Laiffons cela, la chofe eft vraye ou fauffe,
Mais fauffe ou vraye, il faut, & croyez-moi,
Vous mettre bien dans la tête qu'Aminte
Eft femme fage, honnête, & hors d'atteinte :
Renoncez-y. Je le puis aifément,
Reprit Cleon. Puis au même moment
Il va chez lui fonger à cette affaire :
Rien ne lui peut débrouiller le miftere.
Trois jours n'étoient paffés entiérement,
Que revoici chez Alis notre Belle :
Vous n'avez pas, Madame, lui dit-elle,
Encore vû, je penfe; notre Amant;
De plus en plus fa pourfuite s'augmente.

Madame Alis s'emporte, se tourmente :
Quel malheureux ! Puis l'autre la quittant,
Elle le mande : il vient tout à l'instant.
Dire en quels mots Alis fit la harangue,
Il me faudroit une langue de fer ;
Et quand de fer j'aurois même la langue,
Je n'y pourrois parvenir. Tout l'enfer
Fut employé dans cette réprimande.
Allez, Satan, allez vrai Lucifer,
Maudit de Dieu. La fureur fut si grande,
Que le pauvre homme étourdi dès l'abord
Ne sçût que dire : avouer qu'il eût tort,
C'étoit trahir par trop sa conscience.
Il s'en retourne, il rumine, il repense,
Il rêve tant, qu'enfin il dit en soi :
Si c'étoit-là quelque ruse d'Aminte ?
Je trouve, helas ! mon devoir dans sa plainte.
Elle me dit, ô Cleon, aime-moi,
Aime-moi donc, en disant que je l'aime :
Je l'aime aussi, tant pour son stratagéme
Que pour ses traits. J'avoue en bonne foi
Que mon esprit d'abord n'y voyoit goute ;
Mais à present je ne fais aucun doute :
Aminte veut mon cœur assurément.
Ah, si j'osois, dès ce même moment
Je l'irois voir, & plein de confiance
Je lui dirois quelle est la violence,
Quel est le feu dont je me sens épris.
Pourquoi n'oser ? offense pour offense.
L'amour vaut mieux encor que le mépris.

Mais fi l'époux m'attrapoit au logis ?
Laiffons-là faire ; & laiffons-nous conduire.
Trois autres jours n'étoient paffés encor,
Qu'Aminte va chez Alis pour inftruire
Son cher Cleon du bonheur de fon fort.
Il faut, dit-elle, enfin que je deferte ;
Votre parent a réfolu ma perte ;
Il me prétend avoir par des préfens.
Moi des préfens ! c'eft bien choifir fa femme !
Tenez, voilà rubis & diamans,
Voilà bien pis, c'eft mon portrait, Madame.
Affurément de mémoire on l'a fait ;
Car mon époux a tout feul mon portrait.
A mon lever cette perfonne honnête,
Que vous fçavez, & dont je tais le nom,
S'en eft venuë, & m'a laiffé le don.
Votre parent mérite qu'à la tête
On le lui jette ; & s'il étoit ici . . . .
Je ne me fens prefque pas de colere.
Oyez le refte : il m'a fait dire auffi
Qu'il fçait fort bien qu'aujourd'hui pour affaire
Mon mari couche à fa maifon des champs ;
Qu'incontinent qu'il croira que mes gens
Seront couchés, & dans leur premier fomme,
Il fe rendra devers mon cabinet.
Qu'efpere-t-il ? pour qui me prend cet homme ?
Un rendez-vous ! eft-il fol en effet ?
Sans que je crains de commettre Geronte,
Je poferois tantôt un fi bon guet,
Qu'il feroit pris, ainfi qu'au trebuchet,

Ou

Ou s'enfuiroit avec sa courte honte.
Ces mots finis, Madame Aminte sort.
Une heure après Cleon vint, & d'abord
On lui jetta les joyaux & la boëte :
On l'auroit pris à la gorge au besoin.
Eh bien, cela vous semble-t-il honnête ?
Mais ce n'est rien : vous allez bien plus loin.
Alis dit lors mot pour mot ce qu'Aminte
Venoit de dire en sa derniere plainte.
Cleon se tint pour dûëment averti :
J'aimois, dit-il, il est vrai, cette Belle ;
Mais puis qu'il faut ne rien esperer d'elle,
Je me retire, & prendrai ce parti.
Vous ferez bien, c'est celui qu'il faut prendre,
Lui dit Alis. Il ne le prit pourtant.
Trop bien minuit à grand'peine sonnant,
Le Compagnon sans faute se va rendre
Devers l'endroit qu'Aminte avoit marqué :
Le rendez-vous étoit bien expliqué.
Ne doutez pas qu'il n'y fût sans escorte.
La jeune Aminte attendoit à la porte :
Un profond somme occupoit tous les yeux ;
Même ceux-la qui brillent dans les Cieux
Etoient voilés par une épaisse nuë.
Il entre vite, & sans autre discours,
Ils vont, ils vont au cabinet d'amours.
Là le Galant dès l'abord se récrie,
Comme la Dame étoit jeune & jolie,
Sur sa beauté : la bonté vint après,
Et celle-ci suivit l'autre de près.

Mais dites-moi, de grace, je vous prie,
Qui vous a fait aviſer de ce tour ?
Car jamais tel ne ſe fit en amour.
Sur les plus fins je prétends qu'il excelle ;
Et vous devez vous-même l'avoüer,
Elle rougit, & n'en fut que plus belle;
Sur ſon eſprit, ſur ſes traits, ſur ſon zéle,
Il la loüa : ne fit-il que loüer ?

LE REMEDE.

SI l'on se plaît à l'image du Vrai,
Combien doit-on rechercher le Vrai-même?
J'en fais souvent dans mes contes l'essai,
Et vois toujours que sa force est extrême,
Et qu'il attire à soi tous les esprits.
Non qu'il ne faille en de pareils écrits
Feindre les noms : le reste de l'affaire
Se peut conter, sans en rien déguiser ;
Mais quant aux noms, il faut au moins les taire,
Et c'est ainsi que je vais en user.

Près du Mans donc, païs de Sapience,
Gens pesant l'air, fine fleur de Normand,
Une pucelle eut n'aguere un amant,
Frais, délicat, & beau par excellence ;

F f ij

Jeune fur tout : à peine fon menton
S'étoit vêtu de fon premier coton.
La fille étoit un parti d'importance :
Charmes & dot, aucun point n'y manquoit ;
Tant & fi bien que chacun s'appliquoit
A la gagner : tout le Mans y couroit.
Ce fut en vain ; car le cœur de la fille
Inclinoit trop pour notre Jouvenceau :
Les feuls parens, par un efprit Manceau,
La deftinoient pour une autre famille.
Elle fit tant autour d'eux, que l'amant,
Bon gré, malgré, je ne fai pas comment,
Eut à la fin accès chez fa maîtreffe.
Leur indulgence, ou plûtôt fon adreffe,
Peut-être auffi fon fang & fa nobleffe
Les fit changer : que fçai-je ? quoi ? tout duit
Aux gens heureux ; car aux autres tout nuit.
L'Amant le fut : les parens de la Belle
Sçûrent prifer fon mérite & fon zéle :
C'étoit-là tout : Eh que faut-il encor ?
Force comptant : les biens du fiécle d'or
Ne font plus biens, ce n'eft qu'une ombre vaine.
O tems heureux ! je prévois qu'avec peine
Tu reviendras dans le païs du Maine :
Ton innocence eût fecondé l'ardeur
De notre Amant, & hâté cette affaire ;
Mais des parens l'ordinaire lenteur
Fit que la Belle, ayant fait dans fon cœur
Cet hymenée, acheva le myftere
Selon les Us de l'Ifle de Cithere.

Nos vieux Romans, en leur ſtile plaiſant,
Nomment cela *Paroles de preſent.*
Nous y voyons pratiquer cet uſage,
Demi-amour, & demi-mariage,
Table d'attente, avant-goût de l'hymen.
Amour n'y fit un trop long examen :
Prêtre & parent tout enſemble, & Notaire,
En peu de jours il conſomma l'affaire :
L'eſprit Manceau n'eût point part à ce fait.
Voilà notre homme heureux & ſatisfait,
Paſſant les nuits avec ſon épouſée.
Dire comment, ce ſeroit choſe aiſée ;
Les doubles clefs, le bréchet à l'enclos,
Des menus dons qu'on fit à la Soubrette,
Rendoient l'époux joüiſſant en repos
D'une faveur douce autant que ſecrette.
Avint pourtant que notre Belle un ſoir,
En ſe plaignant, dit à ſa Gouvernante,
Qui du ſecret n'étoit participantè :
Je me ſens mal ; n'y ſçauroit-on pourvoir ?
L'autre reprit : il vous faut un remede ;
Demain matin nous en dirons deux mots.
Minuit venu, l'époux mal à propos,
Tout plein encor du feu qui le poſſede,
Vient de ſa part chercher ſoulagement ;
Car chacun ſent ici bas ſon tourment.
On ne l'avoit averti de la choſe.
Il n'étoit pas ſur les bords du ſommeil,
Qui ſuit ſouvent l'amoureux apareil,
Qu'incontinent l'Aurore aux doigts de roſe,

'Ayant ouvert les portes d'Orient,
La Gouvernante ouvrit tout en riant,
Remede en main, les portes de la chambre :
Par grand bonheur il s'en rencontra deux :
Car la saison approchoit de Septembre,
Mois où le chaud & le froid font douteux.
La fille alors ne fut pas assez fine ;
Elle n'avoit qu'à tenir bonne mine,
Et faire entrer l'amant au fond des draps,
Chose facile autant que naturelle :
L'émotion lui tourna la cervelle ?
Elle se cache elle-même, & tout bas
Dit en deux mots quel est son embarras.
L'Amant fut sage : il presenta pour elle
Ce que Brunel à Marphise montra.
La Gouvernante, ayant mis ses lunettes,
Sur le Galant son adresse éprouva :
Du bain interne elle le régala,
Puis dit adieu, puis après s'en alla.
Dieu la conduise, & toutes celles-là
Qui vont nuisant aux amitiés secrettes.
Si tout ceci passoit pour des sornettes,
(Comme il se peut, je n'en voudrois jurer)
On chercheroit dequoi me censurer.
Les Critiqueurs font un peuple severe ;
Ils me diront : votre Belle en sortit
En fille sotte & n'ayant point d'esprit ;
Vous lui donnez un autre caractere :
Cela nous rend suspecte cette affaire ;
Nous avons lieu d'en douter : auquel cas

Votre prologue ici ne convient pas.
Je répondrai... Mais que fert de répondre?
C'eft un procès qui n'auroit point de fin :
Par cent raifons j'aurois beau les confondre;
Ciceron même y perdroit fon latin.
Il me fuffit de n'avoir en l'ouvrage
Rien avancé qu'après des gens de foi :
J'ai mes garands : que veut-on davantage?
Chacun ne peut en dire autant que moi.

LES AVEUX INDISCRETS.

PARIS fans pair n'avoit en fon enceinte
Rien dont les yeux femblaffent fi ravis,
Que de la belle, aimable, & jeune Aminte,
Fille à pourvoir, & des meilleurs partis.
Sa mere encor la tenoit fous fon aîle;
Son pere avoit du comptant & du bien:
Faites état qu'il ne lui manquoit rien.
Le beau Damon s'étant piqué pour elle,
Elle reçut les offres de fon cœur:
Il fit fi bien l'efclave de la Belle,
Qu'il en devint le maître & le vainqueur?
Bien entendu fous le nom d'hymenée;
Pas ne voudrois qu'on le crût autrement.
L'an révolu ce couple fi charmant,
Toûjours d'accord, de plus en plus s'aimant;
(Vous

(Vous eussiez dit la premiere journée)
Se promettoit la vigne de l'Abbé ;
Lorsque Damon, sur ce propos tombé,
Dit à sa femme : un point trouble mon ame ;
Je suis épris d'une si douce flame,
Que je voudrois n'avoir aimé que vous,
Que mon cœur n'eût ressenti que vos coups ;
Qu'il n'eût logé que votre seule image,
Digne, il est vrai, de son premier hommage ;
J'ai cependant éprouvé d'autres feux ;
J'en dis ma coulpe, & j'en suis tout honteux.
Il m'en souvient : la Nymphe étoit gentille,
Au fond d'un bois, l'Amour seul avec nous ;
Il fit si bien, si mal, me direz-vous,
Que de ce fait il me reste une fille.
Voilà mon fort, dit Aminte à Damon.
J'étois un jour seulette à la maison :
Il me vint voir certain fils de famille,
Bien fait & beau, d'agréable façon ;
J'en eus pitié, mon naturel est bon :
Et pour conter tout de fil en aiguille ;
Il m'est resté de ce fait un garçon.
Elle eut à peine achevé la parole,
Que du mari l'ame jalouse & folle
Au desespoir s'abandonne aussi-tôt.
Il sort plein d'ire, il descend tout d'un saut ;
Rencontre un bast, se le met, & puis crie :
Je suis bâté. Chacun au bruit accourt,
Les pere & mere, & toute la mégnie,
Jusqu'aux voisins. Il dit, pour faire court ;

Le beau sujet d'une telle folie.
Il ne faut pas que le Lecteur oublie
Que les parens d'Aminte, bons Bourgeois,
Et qui n'avoient que cette fille unique,
La nourrissoient, & tout son domestique,
Et son époux, sans que, hors cette fois,
Rien eût troublé la paix de leur famille,
La mere donc s'en va trouver sa fille;
Le pere suit, laisse sa femme entrer,
Dans le dessein seulement d'écouter.
La porte étoit entr'ouverte : il s'approche;
Bref il entend la noise & le reproche
Que fit sa femme à leur fille en ces mots :
Vous avez tort : j'ai vû beaucoup de sots,
Et plus encor de sottes en ma vie;
Mais qu'on pût voir tel indiscretion,
Qui l'auroit crû? car enfin, je vous prie,
Qui vous forçoit? quelle obligation
De révéler une chose semblable?
Plus d'une fille a forligné; le diable
Est bien subtil; bien malins sont les gens :
Non pour cela que l'on soit excusable;
Il nous faudroit toutes dans des couvens
Claquemurer, jusques à l'hymenée.
Moi qui vous parle ai même destinée;
J'en garde au cœur un sensible regret.
J'eus trois enfans avant mon mariage.
A votre pere ai-je dit ce secret?
En avons-nous fait plus mauvais ménage?
Ce discours fut à peine proferé,

Que l'écoutant s'en court, & tout outré
Trouve du baft la fangle & fe l'attache,
Puis va criant par tout : *Je fuis fanglé.*
Chacun en rit, encor que chacun fçache
Qu'il a dequoi faire rire à fon tour.
Les deux maris vont dans maint carrefour,
Criant, courant, chacun à fa maniére :
Bâté le gendre, & *Sanglé* le beau-pere.
On doutera de ce dernier point-ci ;
Mais il ne faut telles chofes mécroire.
Et par exemple, écoutez bien ceci :
Quand Roland fçut les plaifirs & la gloire
Que dans la grotte avoit eu fon rival,
D'un coup de poing il tua fon cheval.
Pouvoit-il pas, traînant la pauvre bête,
Mettre de plus la felle fur fon dos ?
Puis s'en aller, tout du haut de fa tête,
Faire crier & redire aux échos,
Je fuis bâté, fanglé, car il n'importe,
Tous deux font bons. Vous voyez de la forte
Que ceci peut contenir verité :
Ce n'eft affez, cela ne doit fuffire ;
Il faut auffi montrer l'utilité
De ce récit ; je m'en vais vous la dire.
L'heureux Damon me femble un pauvre Sire ;
Sa confiance eut bientôt tout gâté
Pour la fotife & la fimplicité
De fa moitié, quant à moi je l'admire.
Se confeffer à fon propre mari !
Quelle folie ! Imprudence eft un terme

Foible à mon sens pour exprimer ceci.
Mon discours donc en deux points se renferme :
Le nœud d'Hymen doit être respecté,
Veut de la foi, veut de l'honnêteté.
Si par malheur quelque atteinte un peu forte
Le fait clocher d'un ou d'autre côté,
Comportez-vous de maniére & de sorte
Que ce secret ne soit point éventé.
Gardez de faire aux égards banqueroute :
Mentir alors est digne de pardon.
Je donne ici de beaux conseils sans doute :
Les ai-je pris pour moi-même ? Hélas ! non.

LE CONTRAT.

LE malheur des maris, les bons tours des Agnès
Ont été de tout tems le fujet de la Fable :
   Ce fertile fujet ne tarira jamais ;
   C'eft une fource inépuifable.
A de pareils malheurs tous hommes font fujets :
Tel qui s'en croit exempt eft tout feul à le croire ;
   Tel rit d'une rufe d'amour,
   Qui doit devenir à fon tour
Le vifible fujet d'une femblable hiftoire.
   D'un tel revers fe laiffer accabler,
   Eft à mon gré fottife toute pure.
   Celui dont j'écris l'avanture,
Trouva dans fon malheur de quoi fe confoler.
Certain riche Bourgeois s'étant mis en ménage,
   N'eut pas l'ennui d'attendre trop long-tems

Les doux fruits du mariage ;
Sa femme lui donna bientôt deux beaux enfans ;
Une fille d'abord , un garçon dans la fuite.
Le fils devenu grand fut mis fous la conduite
    D'un Précepteur ; non pas de ces Pédans ,
        Dont l'afpect eft rude & fauvage.
        Celui-ci gentil perfonnage ,
    Grand Maître ès Arts , fur-tout en l'art d'aimer ,
        Du beau monde avoit quelque ufage ,
        Chantoit bien , & fçavoit aimer ;
Et s'il faut déclarer tout le fecret myftére ,
    Amour , dit-on , l'avoit fait Précepteur.
Il ne s'étoit introduit près du frere ,
    Que pour voir de plus près fa fœur.
    Il obtient tout ce qu'il defire ,
    Sous ce trompeur déguifement :
    Bon Précepteur , fidele Amant ,
    Soit qu'il régente , ou qu'il foupire ,
    Il réuffit également.
        Déja fon jeune Pupile
        Explique Horace & Virgile ,
Et déja la Beauté qui fait tous fes defirs ,
    Sçait le langage des foupirs :
    Notre maître en galanterie
Très-bien lui fit pratiquer fes leçons.
    Cette pratique auffi-tôt fut fuivie
    De maux de cœur , de pâmoifons ;
Non fans donner de terribles foupçons
    Du fujet de la maladie :
Enfin tout fe découvre , & le pere irrité

Menace , tempête , crie.
Le Docteur épouvanté
Se dérobe à sa furie.
La Belle volontiers l'auroit pris pour époux ;
Pour femme volontiers il auroit pris la Belle :
L'Hymen étoit l'objet de leurs vœux les plus doux ;
Leur tendresse étoit mutuelle :
Mais l'amour aujourd'hui n'est qu'une bagatelle ;
L'argent seul aujourd'hui forme les plus beaux nœuds ;
Elle étoit riche , il étoit gueux ;
C'étoit beaucoup pour lui, c'étoit trop peu pour elle.
Quelle corruption ! ô siécle ! ô tems ! ô mœurs !
Conformité de biens , différence d'humeurs :
Souffrirons-nous toujours ta puissance fatale ,
Méprisable intérêt , opprobre de nos jours ,
Tyran des plus tendres amours ?
Mais faisons trêve à la morale ,
Et reprenons notre discours.
Le pere bien fâché , la fille bien marie ;
Mais que faire ? Il faut bien réparer ce malheur ,
Et mettre à couvert son honneur.
Quel remede ? On la marie ,
Non au Galant : j'en ai dit les raisons ;
Mais à certain Quidam amoureux des Testons ,
Plus que de fillette gentille ,
Riche suffisamment & de bonne famille ;
Au surplus bon enfant , sot , je ne le dis pas ,
Puisqu'il ignoroit tout le cas ;
Mais quand il le sçauroit, fait-il mauvaise emplette ?
On lui donne à la fois vingt mille bons ducats ,

Jeune époufe & befogne faite.
Combien de gens, avec femblable dot,
Ont pris, le fçachant bien, la fille & le gros lot !
Et celui-ci crut prendre une pucelle.
Bien eft-il vrai qu'elle en fit les façons :
Mais quatre mois après la fçavante Donzelle
Montre le prix de fes leçons :
Elle mit au monde une fille.
Quoi ! déja pere de famille,
Dit l'Epoux étant bien furpris !
Au bout de quatre mois ; c'eft trop tôt : je fuis pris ?
Quatre mois, ce n'eft pas mon compte.
Sans tarder, au beau-pere il va conter fa honte,
Prétend qu'on le fépare, & fait bien du fracas.
Le beau-pere foûrit, & lui dit : Parlons bas ;
Quelqu'un pourroit bien nous entendre :
Comme vous, jadis je fus Gendre,
Et me plaignis en pareil cas :
Je parlai, comme vous, d'abandonner ma femme ;
C'eft l'ordinaire effet d'un violent dépit.
Mon beau-pere défunt, Dieu veuille avoir fon ame,
Il étoit honnête homme, & me remit l'efprit.
La pillule, à vrai dire, étoit affez amére ;
Mais il fçut la dorer, & pour me fatisfaire,
D'un bon Contrat de quatre mille écus,
Qu'autrefois pour femblable affaire,
Il avoit eu de fon beau-pere,
Il augmenta la dot : je ne m'en plaignis plus.
Ce Contrat doit paffer de famille en famille.
Je le gardois exprès ; ayez-en même foin :

Vous

Vous pourrez en avoir befoin,
Si vous mariez votre fille.
A ce difcours, le Gendre moins fâché
Prend le Contrat, & fait la révérence.
Dieu préferve de mal ceux qu'en telle occurrence
On confole à meilleur marché.

LES QUI-PRO-QUO.

DAME FORTUNE aime souvent à rire,
Et nous jouant un tour de son métier,
Au lieu des biens où notre cœur aspire,
D'un *Qui-pro-quo* se plaît à nous payer.
Ce sont ses jeux ; j'en parle à juste cause :
Il m'en souvient ainsi qu'au premier jour.
Cloris & moi nous nous aimions d'amour :
Au bout d'un an la Belle se dispose
A me donner quelque soulagement,
Foible & leger : à parler franchement,
C'étoit son but ; mais quoiqu'on se propose,
L'occasion & le discret Amant
Sont à la fin les maîtres de la chose.
Je vais au soir chez cet objet charmant :
L'Epoux étoit aux champs heureusement;

Mais il revint, la nuit à peine close.
Point de Cloris : le dédommagement
Fut que le fort en sa place suppose
Une Soubrette à mon commandement ;
Elle paya cette fois pour la Dame.
Disons un troc, où réciproquement
Pour la Soubrette on employa la femme.
De pareils traits tous les livres sont pleins :
Bien est-il vrai qu'il faut d'habiles mains,
Pour amener chose ainsi surprenante.
Il est besoin d'en bien fonder le cas,
Sans rien forcer, & sans qu'on violente
Un incident qui ne s'attendoit pas.
L'aveugle enfant, joueur de passe-passe,
Et qui voit clair à tendre maint panneau,
Fait de ces tours : celui-là du berceau
Leve la paille à l'égard du Bocace ;
Car quant à moi, ma main pleine d'audace
En mille endroits a peut-être gâté
Ce que la sienne a bien exécuté.
Or il est tems de finir ma préface,
Et de prouver par quelque nouveau tour
Les *Qui-pro-quo* de fortune & d'amour.
On ne peut mieux établir cette chose,
Que par un fait à Marseille arrivé.
Tout en est vrai ; rien n'en est controuvé.
Là Clidamant, que par respect je n'ose
Sous son nom propre introduire en ces vers,
Vivoit heureux, se pouvoit dire en femme
Mieux que pas un qui fût en l'Univers.

L'honnêteté, la vertu de la Dame,
Sa gentilleſſe, & même ſa beauté,
Devoient tenir Clidamant arrêté.
Il ne le fut : le Diable eſt bien habile ;
Si c'eſt adreſſe & tour d'habileté,
Que de nous tendre un piége auſſi facile
Qu'eſt le deſir d'un peu de nouveauté.
Près de la Dame étoit une perſonne,
Une ſuivante, ainſi qu'elle, mignonne,
De même taille & de pareil maintien,
Gente de corps : il ne lui manquoit rien
De ce qui plaît aux chercheurs d'avantures.
La Dame avoit un peu plus d'agrément ;
Mais ſous le maſque on n'eût ſçû bonnement
Laquelle élire entre ces créatures.
Le Marſeillois, Provençal un peu chaud,
Ne manque pas d'attaquer au plûtôt
Madame Alix ; c'étoit une Soubrette.
Madame Alix, encor qu'un peu coquette,
Renvoya l'homme. Enfin il lui promet
Cent beaux écus, bien comptés, clair & net.
Payer ainſi des marques de tendreſſe,
En la Suivante, étoit, vû le Pays,
Selon mon ſens, un fort honnête prix.
Sur ce pied-là, qu'eut coûté la Maîtreſſe ?
Peut-être moins ; car le hazard y fait :
Mais je me trompe, & la Dame étoit telle,
Que tout Amant, & tant fut-il parfait,
Auroit perdu ſon latin auprès d'elle :
Ni dons, ni ſoins, rien n'auroit réuſſi.

Devrois-je y faire entrer les dons auffi?
Las! ce n'eft plus le fiécle de nos Peres.
Amour vend tout, & Nymphes & Bergeres :
Il met le taux à maint objet divin :
C'étoit un Dieu, ce n'eft qu'un Echevin.
O tems! ô mœurs! ô coutume perverfe!
Alix d'abord rejette un tel commerce,
Fait l'irritée, & puis s'appaife enfin,
Change de ton, dit que le lendemain,
Comme Madame avoit deffein de prendre
Certain reméde, ils pourroient le matin
Tout à loifir dans la cave fe rendre.
Ainfi fut dit, ainfi fut arrêté ;
Et la Soubrette ayant le tout conté
A fa Maîtreffe, auffi-tôt les femelles,
D'un *Qui-pro-quo* font le projet entr'elles.
Le pauvre Epoux n'y reconnoîtroit rien,
Tant la Suivante avoit l'air de la Dame :
Puis fuppofé qu'il reconnût la femme,
Qu'en pouvoit-il arriver? que tout bien :
Elle auroit lieu de lui chanter fa gâme.
Le lendemain par hazard Clidamant,
Qui ne pouvoit fe contenir de joye,
Trouve un ami, lui dit étourdiment
Le bien qu'Amour à fes defirs envoye.
Quelle faveur! Non qu'il n'eût bien voulu
Que le marché pour moins fe fût conclu ;
Les cent écus lui faifoient quelque peine.
L'ami lui dit : Hé bien, foyons chacun
Et du plaifir & des frais en commun.

L'Epoux n'ayant alors fa bourfe pleine,
Cinquante écus à fauver étoient bons :
D'autre côté, communiquer la Belle,
Quelle apparence ! Y confentiroit-elle ?
S'aller ainfi livrer à deux Gafcons !
Se tairoient-ils d'une telle fortune ?
Et devoit-on la leur rendre commune ?
L'ami leva cette difficulté,
Repréfentant que dans l'obfcurité
Alix feroit fort aifément trompée.
Une plus fine y feroit attrapée.
Il fuffiroit que tous deux, tour à tour,
Sans dire mot, ils entraffent en lice ;
Se remettant du furplus à l'Amour,
Qui volontiers aideroit l'artifice.
Un tel filence en rien ne leur nuiroit ;
Madame Alix, fans manquer, le prendoit
Pour un effet de crainte & de prudence.
Les murs ayant des oreilles, dit-on,
Le mieux étoit de fe taire : à quoi bon
D'un tel fecret leur faire confidence ?
Les deux Galants ayant de la façon
Reglé la chofe, & difpofés à prendre
Tout le plaifir qu'Amour leur promettoit,
Chez le mari d'abord ils fe vont rendre :
Là dans le lit l'époufe encore étoit.
L'époux trouva près d'elle la Soubrette,
Sans nuls atours, qu'une fimple cornette;
Bref en état de ne lui point manquer.
L'heure arriva : les amis conteftérent

Touchant le pas, & long-tems difputérent.
L'époux ne fit l'honneur de la maifon,
Tel compliment n'étant là de faifon.
A trois beaux dez, pour le mieux, ils réglérent
Le précurfeur, ainfi que de raifon.
Ce fut l'ami : l'un & l'autre s'enferme
Dans cette cave, attendant de pied ferme
Madame Alix, qui ne vient nullement.
Trop bien la Dame en fon lieu s'en vint faire
Tout doucement le fignal néceffaire.
On ouvre, on entre, & fans retardement,
Sans lui donner le tems de reconnoître
Ceci, cela, l'erreur, le changement,
La différence enfin qui pouvoit être
Entre l'époux & fon affocié,
Avant qu'il pût aucun change paroître,
Au Dieu d'Amour il fut facrifié.
L'heureux ami n'eut pas toute la joye,
Qu'il auroit euë en connoiffant fa proye.
La Dame avoit un peu plus de beauté,
Outre qu'il faut compter la qualité.
A peine fut cette fcene achevée,
Que l'autre Acteur, par fa prompte arrivée,
Jette la Dame en quelque étonnement ;
Car comme époux, comme Clidamant même,
Il ne montroit toujours fi fréquemment
De-cette ardeur l'emportement extrême.
On imputa cet excès de fureur
A la Soubrette, & la Dame en fon cœur
Se propofa d'en dire fa penfée.

La fête étant de la forte paffée,
Du noir féjour ils n'eurent qu'à fortir.
L'affocié des frais & du plaifir
S'encourt en haut en certain veftibule ;
Mais quand l'époux vit fa femme monter ,
Et qu'elle eût vû l'ami fe préfenter ,
On peut juger quel foupçon, quel fcrupule ,
Quelle furprife eurent les pauvres gens :
Ni l'un ni l'autre ils n'avoient eu le tems
De compofer leur mine & leur vifage.
L'époux vit bien qu'il falloit être fage ;
Mais fa moitié penfa tout découvrir.
J'en fuis furpris : femmes fçavent mentir ;
La moins habile en connoît la fcience.
Aucuns ont dit qu'Alix fit confcience
De n'avoir pas mieux gagné fon argent ;
Plaignant l'époux , & le dédommageant ,
Et voulant bien mettre tout fur fon compte :
Tout cela n'eft que pour rendre le conte
Un peu meilleur. J'ai vû les gens mouvoir
Deux queftions ; l'une , c'eft à fçavoir
Si l'époux fut du nombre des confréres ,
A mon avis , n'a point de fondement,
Puifque la Dame & l'ami nullement
Ne prétendoient vâquer à ces miftéres.
L'autre point eft touchant le Talion ;
Et l'on demande en cette occafion ,
Si pour ufer d'une jufte vengeance ,
Prétendre erreur & caufe d'ignorance
A cette Dame auroit été permis.

Bien

Bien que ce foit affez là mon avis,
La Dame fut toujours inconfolable.
Dieu gard' de mal celles qu'en cas femblable
Il ne faudroit nullement confoler :
J'en connois bien qui n'en feroient que rire;
De celles-là je n'ofe plus parler,
Et je ne vois rien des autres à dire.

AVERTISSEMENT.

QUOIQUE les Contes fuivans n'approchent que médiocrement de ceux de Mr. de la Fontaine, cependant comme depuis long-tems ils paroiffent dans toutes les Editions des Contes de ce Poëte inimitable, nous n'avons pas jugé à propos de les fupprimer.

LA COUTURIERE.

CErtaine Sœur dans un Couvent,
Avoit certain Amant en Ville,
Qu'elle ne voyoit pas souvent :
La chose, comme on sçait, est assez difficile.
Tous deux eussent voulu qu'elle l'eût été moins ;
Tous deux à s'entrevoir apportoient tous leurs soins ;
Notre Sœur en trouva le secret la premiére ;
Nonnettes en ceci manquent peu de talent.
        Elle introduisit le Galant
        Sous le titre de Couturiére,
        Sous le titre, & l'habit aussi.
        Le tour ayant bien réussi,
        Sans causer le moindre scrupule,
Nos Amans eurent soin de fermer la cellule,
Et passérent le jour assez tranquillement

A coudre ; mais Dieu ſçait comment.
La nuit vint ; c'étoit grand dommage :
Quand on a le cœur à l'ouvrage ,
Il falut le quitter. Adieu , ma Sœur, bon ſoir,
Couturiére, juſqu'au revoir,
Et ma Sœur fut au Réfectoire
Un peu tard ; & c'eſt-là le fâcheux de l'hiſtoire.
L'Abbeſſe l'apperçut , & lui dit en courroux :
Pourquoi donc venir la derniére ?
Madame, dit la Sœur, j'avois la Couturiére.
Vos Guimpes ont donc bien des trous,
Pour la tenir une journée entiére ?
Quelle beſogne avez-vous tant chez vous,
Où juſqu'au ſoir elle ſoit néceſſaire ?
Elle en avoit encor, dit-elle , pour veiller :
Au métier qu'elle a fait, on a beau travailler,
On y trouve toujours à faire.

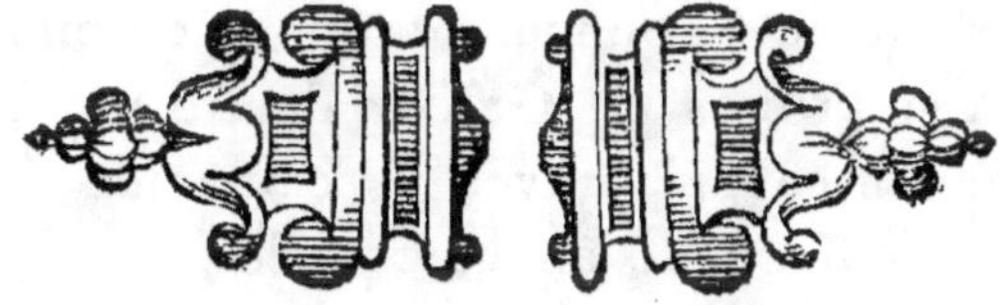

LE GASCON.

JE foupçonne fort une hiftoire,
    Quand le héros en eft l'Auteur.
L'amour propre & la vaine gloire
Rendent fouvent l'homme vanteur.
    On fait toujours fi bien fon compte,
Qu'on tire de l'honneur de tout ce qu'on raconte;
    A ce propos un Gafcon l'autre jour,
A table au cabaret, avec un camarade,
    De gafconade en gafconade,
    Tomba fur fes exploits d'amour.
Dieu fçait fi là-deffus il en avoit à dire.
Une groffe Servante, à quatre pas de-là,
    Prêtoit l'oreille à tout cela,
Et faifoit de fon mieux pour s'empêcher de rire.

A l'entendre conter, il n'étoit dans Paris
        De Cloris,
   Dont il ne connût la ruelle,
   Dont il n'eût eu quelques faveurs.
 Son air étoit le trébuchet des cœurs :
Il aimoit celle-là, parce qu'elle étoit belle ;
   Celle-ci payoit ses douceurs ;
Il avoit chaque jour des garnitures d'elle.
   De plus, il étoit fort heureux ;
   Il n'étoit pas moins vigoureux :
  Telle Dame en étoit amplement assurée.
   A telle autre en une soirée
Il avoit sçû donner jusques à dix assauts.
   Ah ! pour le coup notre servante
Ne put pas s'empêcher de s'écrier tout haut :
   Malepeste, comme il se vante,
Je voudrois, par ma foi, avoir ce qu'il s'en faut.

LA CRUCHE.

UN de ces jours Dame Germaine,
Pour certain befoin qu'elle avoit,
Envoya Jeanne à la fontaine :
Elle y courut ; cela preffoit.
Mais en courant, la pauvre créature
Eut une fâcheufe avanture.
Un malheureux caillou, qu'elle n'apperçut pas,
Vint fe rencontrer fous fes pas.
A ce caillou Jeanne trébuche,
Tombe enfin, & caffe fa cruche ;
Mieux eût valu cent fois s'être caffé le cou,
Caffer une cruche fi belle !
Que faire ? que deviendra-t-elle ?

Pour en avoir une autre, elle n'a pas un sou,
  Quel bruit va faire sa Maîtresse
  De sa nature très-diablesse?
  Comment éviter son courroux?
  Quel emportement! que de coups!
Oserai-je jamais me r'offrir à sa vûe?
Non, non, dit-elle : il faut enfin que je me tue.
Tuons-nous. Par bonheur, un voisin près de-là,
  Accourut, entendant cela ;
  Et pour consoler l'affligée,
Lui chercha les raisons les meilleures qu'il put;
  Mais pour bon Orateur qu'il fût,
  Elle n'en fut point soulagée,
Et la Belle toujours s'arrachant les cheveux,
  Faisoit couler deux ruisseaux de ses yeux.
Enfin voulut mourir; la chose étoit conclue.
  Hé bien, veut-tu que je te tuë,
Lui dit-il. Volontiers. Lui sans autre façon
  Vous la jette sur le gazon,
  Obéit à ce qu'elle ordonne ;
A la tuer des mieux aprête ses efforts,
  Leve sa cotte, & puis lui donne
  D'un poignard à travers le corps.
  On a grande raison de dire
Que pour les malheureux la mort a ses plaisirs,
Jeanne roule les yeux, se pâme, enfin expire :
  Mais après les derniers soûpirs
  Elle remercia le Sire.
  Ah! le brave homme que voilà!

Grand merci, Jean, je suis la plus humble des vôtres,
Les tuez-vous comme cela?
Vraiment j'en casserai bien d'autres.

Le sujet du Conte suivant a été pris d'une Balade faite autrefois pour Mr. Fouquet, & qui se trouve dans le Recueil qui a paru sous le nom de Mr. de la Fontaine, & sous celui de Mr. de Maucroy.

PROMETTRE EST UN,

ET

TENIR EST UN AUTRE.

JEAN amoureux de la jeune Perrette,
    Ayant en vain auprès d'elle employé
Soupirs, fermens, doux jargon d'amourette,
Sans que jamais rien lui fût octroyé,
Pour la fléchir, s'avife de lui dire,
En lui montrant de fes mains les dix doigts,
Qu'il lui pourroit prouver autant de fois
Qu'en fait d'amour il étoit un grand Sire.
De tels fignaux parlent éloquemment,
Et pour toucher ont fouvent plus de force,
Que foins, foupirs, & que tendre ferment.

Perrette aussi se prit à cette amorce.
Jà ses regards sont plus doux mille fois,
Plus de fierté ; l'amour a pris sa place.
Tout est changé, jusqu'au son de sa voix.
On souffre Jean, voire même on l'agace,
On lui sourit ; on le pince par fois,
Et le galant voyant l'heure venuë,
L'heure aux amans tant seulement connuë,
Ne perd point tems, prend quelques menus droits
Va plus avant, & si bien s'insinuë,
Qu'il acquitta le premier de ses doigts :
Passe au second, au tiers, au quatriéme ;
Reprend haleine, & fournit le cinquiéme.
Mais qui pourroit aller toujours de même ?
Ce n'est moi ja, quoique d'âge à cela,
Ne Jean aussi ; car il en resta-là.
Perrette donc en son compte trompée ;
Si toutefois c'est tromper que ceci,
Car j'en connois mainte très-haut huppée
Qui voudroit bien être trompée ainsi :
Perrette, dis-je, abusée en son compte,
Et ne pouvant rien de plus obtenir,
Se plaint à Jean, lui dit que c'est grand'honte
D'avoir promis, & de ne pas tenir.
Mais à cela cettui trompeur Apôtre,
De son travail suffisamment content,
Sans s'émouvoir répond en la quittant,
Promettre est un, & tenir est un autre.
Avec le tems j'acquitterai les dix :
En attendant, Perrette, adieu vous dis.

LE ROSSIGNOL.

POUR garder certaine toison,
On a beau faire sentinelle ;
C'est tems perdu, lorsqu'une Belle
Y sent grande démangeaison.
Un adroit & charmant Jason,
Avec l'aide de la Donzelle
Et de Maître expert Cupidon,
Trompe facilement & Taureau & Dragon.
La contrainte est l'écueil de la pudeur des filles.
Les surveillans, les verroux & les grilles
Sont une foible digue à leur tempérament.
A douze ans aujourd'hui, point d'Agnès à cet âge :
Fillette nuit & jour s'applique uniquement
A trouver le moyen d'endormir finement
Les Argus de son pucelage.

Larmes de Crocodile, yeux lafcifs, doux langage;
Soûris, foûpirs flateurs, tout eft mis en ufage,
   Quand il s'agit d'attraper un Amant.
     Je n'en dirai pas davantage.
     Lecteur regardez feulement
La finette Cataut jouer fon perfonnage,
Et comment elle met le Roffignol en cage:
Après je m'en rapporte à votre jugement.
     Dans une ville d'Italie,
     Dont je n'ai jamais fçû le nom,
     Fut une Fille fort jolie,
   Son pere étoit Meffire Varambon.
Bocace ne dit pas comme on nommoit la mere;
Auffi cela n'eft pas trop utile à fçavoir:
La fille s'appelloit Catherine; & pour plaire
Elle avoit amplement tout ce qu'il faut avoir:
Age de quatorze ans, teint de lis & de rofes,
   Beaux yeux, belle gorge, & beaux bras,
   Grands préjugés pour les fecrets appas.
Le Lecteur penfe bien qu'avec toutes ces chofes
     Fillette manque rarement
       D'un Amant.
     Auffi n'en manqua la Pucelle:
Richard la vit, l'aima, fit tant en peu de jours
     Par fes regards, par fes difcours,
Qu'il alluma pour lui dans le cœur de la Belle
   La même ardeur qu'il reffentoit pour elle.
L'un de l'autre déja faifoit tous les plaifirs:
Déja mêmes langueurs, déja mêmes defirs:
   Defirs de quoi? befoin n'ai de le dire;

Sans trop d'habileté l'on peut le deviner ;
Quand un cœur amoureux à cet âge foûpire ,
 On fçait affez ce qu'il peut defirer.
Un point de nos Amans retardoit le bonheur :
La mere aimoit fa fille avecque tant d'ardeur ,
Qu'elle n'auroit fçû vivre un feul moment fans elle ;
Le jour l'avoit toujours penduë à fon côté ;
Et la nuit la faifoit coucher dans fa ruelle.
Un peu moins de tendreffe , & plus de liberté
  Eût mieux accommodé la Belle.
  Cet excès d'amour maternelle
  Eft bon pour les petits enfans :
  Mais fillette de quatorze ans
  Bientôt s'en laffe & s'en ennuye.
  Catherine en jour de fa vie
N'avoit pu profiter d'un feul petit moment ,
  Pour entretenir fon Amant :
C'étoit pour tous les deux une peine infinie.
Quelquefois par hazard il lui ferroit la main ,
  Quand il la trouvoit en chemin ;
Quelquefois un baifer pris à la dérobée :
  Et puis c'eft tout ; mais qu'eft-ce que cela ?
C'eft proprement manger fon pain à la fumée.
Tous deux étoient trop fins pour en demeurer-là.
  Or voici comme il en alla.

  Un jour, par un bonheur extrême,
Ils fe trouverent feuls, fans mere & fans jaloux ;
Que me fert, dit Richard, hélas ! que je vous aime ?
  Que me fert d'être aimé de vous ?

Cela ne fait qu'augmenter mon martyre ;
Je vous vois, sans vous voir ; je ne puis vous parler ;
Si je me plains, si je soûpire,
Il me faut tout dissimuler.
Ne sçauroit-on enfin vous voir sans votre mere ?
Ne sçauriez-vous trouver quelque moyen ?
Hélas ! vous le pouvez, si vous le voulez bien :
Mais vous ne m'aimez pas. Si j'étois moins sincere,
Dit Catherine à son Amant,
Je vous parlerois autrement :
Mais le tems nous est cher ; voyons ce qu'il faut faire.
Il faudroit donc ui dit Richard,
Si vous avez dessein de me sauver la vie,
Vous faire mettre un lit dans quelque chambre à part.
Par exemple, à la galerie,
On pourroit vous y aller voir
Sur le soir,
Alors que chacun se retire ;
Autrement on ne peut vous parler demi ;
Et j'ai cent choses à vous dire
Que je ne puis vous dire ici.
Ce mot fit la Belle sourire :
Elle se douta bien de ce qu'on lui diroit ;
Elle promit pourtant au Sire
De faire ce qu'elle pourroit,
La chose n'étoit pas facile ;
Mais l'amour donne de l'esprit ;
Et sçait faire une Agnès habile :
Voici comme elle s'y prit.
Elle ne dormit point durant toute la nuit,

Ne fit que s'agiter & mena tant de bruit
   Que ni son pere ni sa mere
   Ne pûrent fermer la paupiere
     Un seul moment.
   Ce n'étoit pas grande merveille.
  Fille qui pense à son Amant absent,
Toute la nuit, dit-on, a la puce à l'oreille,
   Et ne dort que fort rarement.
Dès le matin Cataut se plaignit à sa mere
Des puces de la nuit, du grand chaud qu'il faisoit :
On ne peut point dormir, Maman, s'il vous plaisoit
Me faire tendre un lit dans cette galerie ;
Il y fait bien plus frais ; & puis dès le matin,
Du Rossignol, qui vient chanter sous ce feuillage,
   J'entendrois le ramage.
   La bonne mere y consentit,
   Va trouver son homme, & lui dit :
   Cataut voudroit changer de lit,
Afin d'être au frais & d'entendre
   Le Rossignol. Ah ! qu'est ceci ?
  Dit le bon homme, & quelle raillerie ;
Allez, vous êtes folle, & votre fille aussi
Avec son Rossignol, qu'elle se tienne ici,
   Il fera cette nuit-ci
   Plus frais que la nuit passée ;
   Et puis elle n'est pas, je croi,
   Plus délicate que moi ;
J'y couche bien. Cataut se tint fort offensée
   De ce refus ; & la seconde nuit
   Fit cinquante fois plus de bruit,

Qu'elle n'avoit fait la premiere,
Pleura, gémit, se dépita,
Et dans son lit se tourmenta,
D'une si terrible maniére,
Que la mere s'en afligea,
Et dit à son mari, vous êtes bien maussade,
Et n'aimez guéres votre enfant,
Vous vous jouez assurément
A la faire tomber malade.
Je la trouve déja tout je ne sçai comment:
Répondez-moi, quelle bizarrerie
De ne la pas coucher dans cette galerie,
Elle est tout aussi près de nous.
A la bonne heure, dit l'époux,
Je ne sçaurois tenir contre femme qui crie;
Vous me feriez devenir foû ;
Passez-en votre fantaisie ;
Et qu'elle entende tout son soû
Le Rossignol & la Fauvette,
Sans délai la chose fut faite,
Catherine à son pere obéit promptement,
Se fait dresser un lit, fait signe à son Amant
Pour le soir. Qui voudroit sçavoir présentement
Combien dura pour eux toute cette journée,
Chaque moment une heure, & chaque heure une
année,
C'est tout le moins : mais la nuit vint
Et Richard fit si bien, à l'aide d'une échelle,
Qu'un fripon de valet lui tint,
Qu'il parvint au lit de la Belle.

De

De dire ce qui s'y paſſa,
Combien de fois on s'embraſſa,
En combien de façons l'Amant & la Maîtreſſe
Se témoignerent leur tendreſſe,
Ce ſeroit tems perdu ; les plus doctes diſcours
Ne ſçauroient jamais faire entendre
Le plaiſir des tendres amours ;
Il faut l'avoir goûté pour le pouvoir comprendre.

Le Roſſignol chanta toute la nuit,
Et quoiqu'il ne fit pas grand bruit,
Catherine en fut fort contente.
Celui qui chante au bois ſon amoureux ſouci,
Ne lui parut qu'un âne auprès de celui-ci :
Mais le malheur voulut que l'amant & l'amante
Trop foibles de moitié pour leurs ardents deſirs,
Et laſſés par leurs doux plaiſirs,
S'endormirent tous deux ſur le point que l'aurore
Commençoit à s'appercevoir.
Le pere en ſe levant, fut curieux de voir
Si ſa fille dormoit encore.
Voyons un peu, dit-il, quel effet ont produit
Le chant du Roſſignol, le changement de lit.
Il entre dans la galerie,
Et s'étant approché ſans bruit,
Il trouva ſa fille endormie.

A cauſe du grand chaud nos deux Amans dormans
Etoient ſans drap ni couverture,
Et état de pure nature :

Justement comme on peint nos deux premiersparens,
    Excepté qu'au lieu de la pomme,
    Catherine avoit dans sa main
    Ce qui servoit au premier homme
    A conserver le genre humain.
Ce que vous ne sçauriez prononcer sans scrupule,
Belles, qui vous piquez de sentimens si fiers;
Et dont vous vous servez pourtant très-volontiers,
    Si l'on en croit le bon Catulle.

Le bon homme à ses yeux à peine ajoute foi;
Mais enfin renfermant le chagrin dans son ame
Il rentre dans sa chambre & réveille sa femme;
Levez-vous, lui dit-il, & venez avec moi:
    Je ne m'étonne plus pourquoi
Cataut vous témoignoit si grand desir d'entendre
Le Rossignol, vraiment ce n'étoit pas en vain:
    Elle avoit dessein de le prendre,
Et l'a si bien guetté qu'elle l'a dans sa main.
La mere se leva, pleurant presque de joye,
Un Rossignol! vraiment il faut que je le voye.
Est-il grand? chante-t-il? fera-t-il des petits?
Helas! la pauvre enfant, comment l'a-t-elle pris!
    Vous l'allez voir, reprit le pere;
    Mais sur-tout songez à vous taire:
Si l'oiseau vous entend, c'est autant de perdu,
    Vous gâterez tout le mistere.
    Qui fut surpris? ce fut la mere,
    Aussi-tôt qu'elle eut apperçu
    Le Rossignol que tenoit Catherine.

Elle vou'ut crier, & l'appeller mâtine,
Chienne, éfrontée ; enfin tout ce qu'il vous plaira,
Peut-être faire pis ; mais l'époux l'empecha.
Ce n'eft pas de vos cris que nous avons à faire :
Le mal eft fait, dit-il, & quand on peftera,
  Ni plus ni moins il en fera :
  Mais fçavez-vous ce qu'il faut faire ?
Il faut le réparer le mieux que l'on pourra.
  Qu'on aille querir le Notaire,
  Et le Prêtre & le Commiffaire,
Avec leur bon fecours tout s'accommodera.

Pendant tout ces difcours notre amant s'éveilla,
Et voyant le Soleil : helas ! dit-il, ma chere,
Le jour nous a furpris, je ne fçai comment faire
  Pour m'en aller. Tout ira bien,
  Lui répondit alors le pere ;
Or ça, Sire Richard, il ne fert plus de rien
De me plaindre de vous, de me mettre en colere ;
Vous m'avez fait outrage ; il n'eft qu'un feul moyen
  Pour m'appaifer & pour me fatisfaire :
C'eft qu'il vous faut ici, fans délai ni refus,
  Sinon dites votre *in manus*,
Epoufer Catherine, elle eft bien Demoifelle.
Si Dieu ne l'a pas faite auffi riche que vous,
Pour le moins elle eft jeune, & vous la trouvez belle.
S'expofer à fouffrir une mort très-cruelle,
Et cela feulement pour avoir refufé
  De prendre à femme une fille qu'on aime,
Ce feroit à mon fens etre mal avifé.

L l ij

Auſſi dans ce péril extrême,
Richard fut habile homme, & ne balança pas
Entre la fille & le trépas.
Sa Maîtreſſe avoit des appas ;
Il venoit de goûter la nuit entre ſes bras
Le plus doux plaiſir de la vie,
Il n'avoit pas apparemment envie
D'en partir ſi bruſquement.
Or pendant que notre amant
Songe à ſe faire époux pour ſe tirer d'affaire,
Cataut ſe réveillant à la voix de ſon pere,
Lâcha le Roſſignol deſſus ſa bonne foi ;
Et tirant doucement le bout du drap ſur ſoi,
Cacha les trois quarts de ſes charmes.
Le Notaire arrivé mit fin à leurs allarmes,
On écrivit, & l'on ſigna.
Ainſi ſe fit le mariage,
Et puis juſqu'à midi chacun les laiſſa là.
Le pere en les quittant, leur dit, prenez courage,
Enfans, le Roſſignol eſt maintenant en cage,
Il peut chanter tant qu'il voudra.

FIN.

TABLE

TABLE

DES *CONTES* CONTENUS

Dans le second Tome.

TABLE.

Fin de la Table.